Uma pequena luz sobre a

Ascensão

Diana Cooper

Uma pequena luz sobre a
Ascensão

Tradução
SAULO KRIEGER

EDITORA PENSAMENTO
São Paulo

Título do original: *A Little Light on Ascension.*

Originalmente publicado por Findhorn Press, Escócia.

O primeiro número à esquerda indica a edição, ou reedição, desta obra. A primeira dezena à direita indica o ano em que esta edição, ou reedição, foi publicada.

Edição	Ano
1-2-3-4-5-6-7-8-9-10	02-03-04-05-06-07-08

Direitos de tradução para o Brasil
adquiridos com exclusividade pela
EDITORA PENSAMENTO-CULTRIX LTDA.
Rua Dr. Mário Vicente, 368 — 04270-000 — São Paulo, SP
Fone: 272-1399 — Fax: 272-4770
E-mail: pensamento@cultrix.com.br
http://www.pensamento-cultrix.com.br
que se reserva a propriedade literária desta tradução.

Impresso em nossas oficinas gráficas.

Sumário

Dedico este livro a Shaaron e a
Kumeka, Senhor de Luz e Mestre Ascensionado,
com amor e gratidão

Introdução a Kumeka

Em 31 de dezembro de 1994, véspera de Ano Novo, alguns amigos vieram à minha casa para meditar e traçar metas para o ano seguinte. Um a um foram indo embora, até que ficamos apenas Shaaron e eu. Eu não conhecia Shaaron muito bem. Era mais uma conhecida de longa data do que uma amiga, mas eu sabia que ela estava ficando cada vez mais sensitiva.

Naquela noite, Kumeka começou a comunicar-se conosco. Ele contou que vinha esperando até estarmos prontas. Não podia entrar em contato conosco diretamente quando estávamos separadas; mas, juntas, nossa vibração era alta o bastante para alcancá-lo. Ao que tudo indica, ele vinha há algum tempo imprimindo informações em mim enquanto eu estava trabalhando com clientes ou escrevendo, e em Shaaron enquanto fazia suas leituras de tarô. Para dizer a verdade, não consigo me lembrar de muito do que se passou naquela noite, e tampouco registrei o que ele nos disse. Tudo o que sei é que foi o melhor *reveillon* que já passei, e ele mudou a minha vida.

Mais tarde vim a saber que Kumeka percebera a minha luz pela primeira vez há vinte anos, quando eu vivia numa ilha na costa venezuelana. Fiquei surpresa e comentei que eu não pensava que tivesse alguma luz naquela época, mas ele disse que eu a tinha e que desde então esperava que eu estivesse pronta para receber sua orientação. Para fazê-lo, trouxera Shaaron e eu de cantos opostos do mundo para quando chegasse a hora.

Ele disse que tinha de ser Shaaron quem trabalharia comigo porque somos da mesma Mônada ou Centelha Espiritual, e por isso somos primas espirituais.

Tanto Shaaron como eu crescemos e nos desenvolvemos desde então. Ela foi sempre muito sensitiva, e é um xamã poderoso quando se trata de vidas passadas. Hoje ela vê e ouve Kumeka tão claramente como se ele fosse uma pessoa real, sólida, sentada conosco na sala. Durante muito tempo ela foi bastante cética e alheia a tudo o que estava acontecendo, incluindo até mesmo toda a informação que ele nos dava para o nosso crescimento e o dos outros. Está mais receptiva agora, ainda que não envolvida de um modo especial.

Kumeka disse que Shaaron é sensitivamente muito mais desenvolvida do que eu. Porém, sou muito mais espiritualmente desenvolvida do que ela. Para espalhar luz por meu intermédio, ele teve de nos trazer uma para junto da outra, já que eu não conseguiria conectar-me a ele sozinha. Era preciso que eu e Shaaron estivéssemos juntas por cerca de um ano para nos ligarmos a Kumeka. Ele disse então que isso não mais seria necessário e que nós poderíamos entrar em contato com ele de maneira independente. Ainda trabalhamos juntas, porém, quando preciso dele alguma informação mais específica.

Hoje em dia, muitas vezes vivo à sombra de Kumeka, quero dizer, ele funde sua consciência com a minha e fala por meu intermédio. Quando isso acontece, sinto-me maior do que sou, e completamente calma. Algumas vezes sinto-me cansada e esgotada, não consigo manter a vibração que lhe permite entrar e sinto-me então resvalar de novo para o ser que me limita.

Shaaron e eu ficamos cada vez mais conscientes de que Kumeka é um ser muito maior e mais poderoso do que podemos conceber. Então, pergunto, quem é esse impressionante e incrível Ser de Luz que é um dos nossos guias?

Kumeka jamais encarnou na Terra, mas ascendeu de outro planeta. Até recentemente ele trabalhou em dois dos outros 12 universos. Agora ele está começando a se conectar conosco. Aqui na Terra temos sido influenciados por sete dos 12 raios disponíveis no cosmos.

Agora estamos nos abrindo para a influência de um raio mais alto, o Oitavo Raio. Kumeka é o *Chohan* ou Mestre do Oitavo Raio.

A Terra finalmente ganhou o direito de ter a atenção e a presença do Senhor Kumeka.

O Oitavo Raio é o de maior poder de limpeza. Kumeka tem sido o responsável pela limpeza planetária, em especial pelos pontos de poder neste e em outros planetas. Ele supervisiona a purificação dos portais de luz e as *ley lines**. Ele trabalha com os arcanjos e com o Serafim e está trazendo a qualidade da alegria para o planeta. Seu quadrante ascensional — ou quadrante de luz — no etéreo está sobre Caracas, na Venezuela.

Kumeka ajuda a remover, nos humanos, implantes alienígenas, elementais, entidades negativas e até mesmo atitudes mentais inúteis. Ao invocar sua ajuda, você pode chamar também Vywamus, o Arcanjo Miguel e Djwhal Khul. Juntos, eles formam um time poderoso.

Raramente ele nos dá informações esotéricas. É preciso que eu formule uma questão, e ele a responderá se for permitido que uma resposta seja dada. Só fui obter uma impressionante informação quando lhe perguntei se Jesus Cristo de fato havia sido o único filho de Deus. Kumeka respondeu que Jesus foi o único filho/filha de Deus a encarnar na Terra. Ele explicou que um filho/filha de Deus é um ser de energia divina que um dia foi diluída, e que há 12 filhos/filhas de Deus trabalhando nos universos, dentre os quais ele, o Senhor Kumeka, é um deles. Avatares, como Sai Baba e Mãe Meera, são filhos dos filhos de Deus, ou seja, a energia de Deus duas vezes diluída.

Ele é o Senhor Kumeka, Senhor Luz, Mestre Ascensionado e Chohan do Oitavo Raio. Ele é filho/filha de Deus e tem tido sempre uma ligação direta com seu Pai e também a responsabilidade daí advinda.

(*) *Ley-lines*: linhas de força ou meridianos da Terra.

Kumeka tem trabalhado numa galáxia diferente da nossa. Ele nos relata a existência de várias galáxias que ainda não conhecemos, que não estão no âmbito da mesma estrutura de tempo por nós compreendida. Essas galáxias também precisam se desenvolver.

Uma vez que nosso planeta está aumentando seu grau de vibração, somos capazes de acomodar esse raio novo e mais elevado, obtendo assim o direito de ter Kumeka entre nós. Ele diz que quanto mais próximo nosso planeta estiver da Ascensão, mais seres como ele virão ajudar.

Assim na Terra como no Céu. Embora seja perfeitamente lógico que o Altíssimo ressoe com outros dos seus numa mesma vibração, fiquei surpresa ao ver que os Mestres Ascensionados tinham seus amigos particulares. Dois dos amigos de Kumeka, que trabalham neste universo, são White Eagle, cujos maravilhosos ensinamentos são largamente conhecidos, e Merlin.

Quando clientes vêm até mim ou para meus *workshops*, Kumeka freqüentemente continua a trabalhar com eles e a ajudá-los após a sessão.

O fato de Kumeka querer ligar-se a mim está quase além da minha compreensão. Sinto-me honrada, privilegiada e humilde em trabalhar com ele. Este livro contém essa energia, e ligará você, leitor ou leitora, a ele.

Exercício — Visualização para encontrar o Senhor Kumeka

1. Relaxe, fique calmo e em silêncio.
2. Visualize-se subindo degraus de uma alvura puríssima até um enorme templo.
3. Empurre as portas enormes para abri-las e entrar no espaço sagrado. Ele está vazio, à exceção da presença de Kumeka.
4. Vá até o altar e acenda uma vela.
5. Sente-se junto do Senhor Kumeka. Apresente-se e diga-lhe o que você quer.
6. Faça-lhe algumas perguntas ou peça-lhe alguma ajuda de que você esteja precisando.
7. Agradeça-lhe e saia.

1

Ascensão

Ascensão significa elevar nossa vibração ao nível da Luz. Sendo cada pensamento, palavra, emoção e ação uma vibração que cria a nossa aura, a Ascensão requer uma purificação de nossos pensamentos, uma limpeza de nossas emoções e uma opção por ações amorosas visando o mais alto bem até irradiarmos no nível mais alto. É quando vivemos em alegria e liberdade.

Aqueles que vivem num nível de compreensão puramente físico, acreditando somente no que podem ver, ouvir e sentir, metaforicamente falando, produzem ruído ao viver em terceira marcha. Vistos de cima, parecem estar agarrados ao volante, aterrorizados com o que possa lhes acontecer. Vivem segundo leis humanas, amaldiçoando e acusando os outros motoristas, e muitas vezes ficam apavorados quando precisam mudar de pista por medo das conseqüências. Freqüentemente acreditam que sua pista é a única em que todos deveriam estar.

Quando ficamos mais receptivos às questões espirituais, e em especial ao amor incondicional, passamos para a quarta marcha ou passamos para a quarta dimensão. Isso significa dirigir pela vida de maneira mais relaxada e confiável, respeitando todos os outros motoristas em seus respectivos caminhos e seguindo nossa intuição. Sabemos que a jornada de cada pessoa é uma missão única e especial para ela.

Quando aceitamos que somos primeiramente espírito e parte da Unidade Divina, assumimos o comando do nosso destino. Reconhecendo que somos co-criadores com o Divino, com o poder e a responsabilidade que isso acarreta, passamos para a quinta marcha e para a quinta dimensão. Então somos capazes de viajar suavemente ao longo da estrada da vida, ajudando os demais em seu caminho. Deixamos de lado nossa vontade inferior e dedicamos nossa jornada a um propósito mais elevado.

Quando decidimos relaxar e desfrutar a jornada, abrimos o teto solar para deixar entrar a Luz. Isso é a Ascensão.

Muitas pessoas sentem medo da Ascensão e têm idéias erradas a seu respeito. Há quem pense que ela significa ascensão do corpo físico, mas não se trata disso. Há dois mil anos, o caso era que o nível vibratório dos seres humanos não podia manter a freqüência da Luz, mas de lá para cá temos evoluído. Por isso, não se preocupe com deixar a sua família. Ninguém lhe dirá para sair pelo teto solar. Na Ascensão, você se mantém seguro e feliz no assento do motorista, conduzido pela Fonte, por Deus, pelo Criador ou qualquer que seja o termo que você ache adequado para a Força universal.

Houve um tempo em que não era possível elevar sua freqüência e ficar no seu corpo físico, mas agora já é. A maioria das pessoas que ascendem hoje escolhe ficar na Terra e servir à humanidade.

Então, optando por ficar no seu corpo físico na Ascensão, você viverá como antes, mas vai resplandecer, brilhar e irradiar numa vibração mais alta. Sentindo alegria, amor incondicional e união com todos, você criará para você mesmo o Céu na Terra.

Você estará a serviço do planeta, de forma que suas necessidades e desejos pessoais deixarão de ser mais importantes do que servir ao Todo Que Existe.

Quando você se torna um Mestre Ascensionado, seus pensamentos e suas palavras podem criar por si sós. Por isso, você será incrivelmente poderoso.

Para ascender, você precisa equilibrar o karma que você traz de todas as encarnações anteriores. O karma é o balancete de seus bons e maus pensamentos, palavras e feitos registrados em suas vidas. Na terceira dimensão, as conseqüências de uma ação de baixa vibração talvez tenham de ser redimidas tão-somente numa vida posterior, e assim parece não haver correlação entre o seu estilo de vida e a transação do destino com você.

Nas dimensões mais altas você tem de acertar seus débitos mais rapidamente. Quando por fim o seu karma estiver equilibrado, você receberá o karma instantâneo. Isso significa que se você tiver um pensamento negativo ou cometer um ato indigno, a conseqüência voltará para você feito um bumerangue, imediatamente. Se lhe parece que você nunca fica impune por coisa alguma nesta vida, agradeça por isso. Você chegou ao karma instantâneo e tem a oportunidade de manter um equilíbrio entre suas entradas e saídas.

Cada pensamento, cada emoção, palavra ou ação encontra-se numa freqüência vibracional que exerce atração sobre acontecimentos, pessoas e situações que estão na mesma faixa de onda. Por isso, tudo o que você emite é trazido de volta para você e lhe assegura que em sua vida as circunstâncias exteriores refletem com precisão o que acontece dentro de você. Cabe a nós olhar em direção aos espelhos que a vida nos apresenta e mudar a nós mesmos, em vez de refratar.

Há três exceções a isso:

- Em primeiro lugar, você pode ter compromissos de vidas passadas, que atraem pessoas ou circunstâncias de baixa vibração. Esses compromissos têm de ser honrados.
- Em segundo lugar, você pode ter de encarar situações e pessoas difíceis para cumprir a missão ou destino escolhido. Essa é a razão pela qual grandes mestres espirituais parecem atrair traumas horríveis; são testemunho disso as vidas de muitos dos Grandes Seres do passado, incluindo Jesus Cristo.
- Em terceiro lugar, você pode estar recebendo testes de iniciação. Muitos dos que estão no caminho da Ascensão completaram seu karma e estão recebendo esses testes, que lhes são passados pelos Mestres Espirituais para fortalecer pontos fracos. São-nos apresentados como desafios nos relacionamentos, nas situações financeiras ou como dificuldades no trabalho.

Para ascender precisamos, em primeiro lugar, concluir a missão que assumimos para esta vida sobre a Terra. Há pessoas que têm um conhecimento interior de que estão fazendo o que vieram fazer. Outras podem precisar da meditação para ter acesso ao plano de sua vida. Se você não está no seu verdadeiro caminho de vida, é preciso tomar as decisões que o colocarão nesse caminho. Às vezes temos de tomar decisões difíceis para assegurar-nos de que estamos fazendo o que nos comprometemos a fazer antes de aqui chegar.

Há alguns anos eu estava já avançada no meu caminho, mas percebi que precisava fazer ajustes e que não poderia concluir minha missão se não alterasse várias condições. Logo depois de ter feito as mudanças, vim a saber que algumas cores de meus chakras não haviam sido desenvolvidas em vidas passadas. Estavam relacionadas à capacidade de realizar mudanças com facilidade e de lidar com finanças. Recebi a sugestão de aproveitar todas as oportunidades para desenvolver essas cores nos dois ou três anos seguintes, e assim eu estaria inteiramente preparada para a minha missão.

Descobri que essa foi uma grande ajuda. Significava que quando me fossem apresentados desafios consideráveis e consistentes, eu não pensaria mais "Socorro, como poderei enfrentar isso?" Em vez disso, passei a pensar "Aha, mais uma oportunidade para me fortalecer e levar meu trabalho adiante". Toda a minha atitude foi alterada, e eu me tornei muito mais forte.

As pessoas dizem-me muitas vezes: "Sei que não estou fazendo o que vim fazer, mas tenho de ficar neste emprego por mais um tempo até conseguir juntar um dinheirinho." Ouço freqüentemente: "Sei que o relacionamento não está nada bem, mas não me sinto capaz de enfrentar tudo sozinha." Tenho me posto em todos esses lugares e compreendo bem esses medos. Ainda assim, quanto mais adiarmos, mais demorado será nosso caminho. Algumas vezes eu lhes pergunto: "Há quantas vidas você tem ficado empacado nesse mesmo teste?" Freqüentemente elas respondem seis ou até mesmo dez vidas!

Na Ascensão todo o corpo se volta para a Luz, incluindo as roupas. Então você pode retornar ao seu corpo físico para servir à humanidade num nível mais elevado ou então abandoná-lo e servir fora dele.

Neste período atual há na Terra uma oportunidade sem precedentes para se elevar em direção à Luz, já que estão se formando ondas de Ascensão. Há seres mais elevados, arcanjos, anjos e grandes dispensações de energia espiritual a nosso dispor para ajudar-nos.

Essencial ao caminho da Ascensão é a cooperação. Poucos ascendem isoladamente. Recebemos pedidos para dar as mãos ao irmão que está mais próximo e mover-nos todos juntos para a frente.

Você pode estar mais próximo de alcançar a Ascensão do que imagina. Se quiser aproveitar as incríveis oportunidades hoje oferecidas para o desenvolvimento espiritual de sua alma, concentre-se na sua intenção e no seu desejo de dizer, pensar e fazer tudo a partir dos mais puros e elevados motivos.

O Senhor Kuthumi, um Mestre Ascensionado, disse: "Se ao menos os de coração e mente puros soubessem o quanto estão próximos da Ascensão..."

Vivemos tempos incríveis. Nunca antes na história da humanidade houve tanta oportunidade para o crescimento espiritual.

Este livro oferece a você inspiração e informação para ajudá-lo a navegar na onda de Ascensão nesta vida, para que você se torne imortal. Você pode deixar a roda das reencarnações. Você pode se tornar um Senhor de Luz, um Mestre Ascensionado.

2

Meditação

Quando somos escolhidos para ocupar nosso lugar na Escola da Terra somos considerados, em termos universais, excepcionalmente bem-afortunados. Em qualquer época, muitos tentam e poucos são aceitos. Porque vivemos num tempo de grande oportunidade de crescimento, milhões de espíritos desejam encarnar agora. Viemos numa missão de grande dificuldade, sabendo plenamente que se não chegarmos a um bom termo, talvez tenhamos de começar tudo de novo. Mas se conseguirmos, as recompensas ultrapassarão em muito as nossas expectativas mais ambiciosas.

Isso assemelha-se um pouco com ser enviado à selva. É-lhe mostrado um mapa, e você recebe instruções meticulosas. Então o mapa é levado embora, mas você se lembra que tem um rádio para receber e emitir mensagens e que precisa manter contato diário com a base. Com uma comunicação constante, você é guiado em toda a extensão do caminho e recebe todo o conselho e toda a ajuda de que precisa. No entanto, terá de negociar quanto às dificuldades e aos perigos da selva e tomar decisões importantes por si mesmo.

Algumas pessoas entram na selva da vida e esquecem de se comunicar. Outras são impacientes demais para aprender como funciona o sistema de comunicação! Há aquelas que ouvem mas não levam em conta o conselho. Outras ainda ficam pedindo ou mesmo gritando por ajuda, sem se preocupar em esperar uma resposta.

Obviamente, o sistema de comunicação do rádio que recebe e emite mensagens consiste em oração e meditação. A oração é a nossa parte da comunicação. Estamos explicando nossa situação e pedindo o que precisamos. Se você está numa situação espinhosa e chama a base para pedir ajuda e orientação, você espera consegui-las. E consegue. Contudo, a maior parte das pessoas ora por ajuda de um modo mecânico, sem nenhuma expectativa real de resposta. Quando você está na selva, é mais útil conversar com a Fonte para expor o que está acontecendo e qual é a sua necessidade, e depois disso pedir um conselho, sabendo que haverá uma resposta.

Faça como se você tivesse recebido uma resposta para seu pedido de ajuda e orientação, e aja como se a ajuda de que você precisa estivesse a caminho.

Meditação é ouvir a resposta da Fonte. É tranqüilizar a mente de toda a interferência para conseguir uma linha tão clara quanto possível. Todas as técnicas de meditação têm como objetivo aquietar a mente.

Para a maioria de nós, a resposta não vem como instrução verbal na meditação, embora seja claro que ela possa vir assim se estivermos sintonizados com suficiente clareza. Algumas vezes, uma semente é plantada em nossa mente em silêncio. E então ela cresce contendo a informação de que precisamos, cresce trazendo suas idéias para a nossa consciência. Outras vezes, a resposta é enviada por meio de um livro ou de um programa de TV. Há vezes ainda em que outra pessoa pode dizer as palavras que precisamos ouvir ou dar-nos a informação necessária. Ocasionalmente uma chave é acionada em nossa mente, permitindo o acesso a informações em código que estavam encerradas na nossa consciência sem que tivéssemos consciência disso. A ajuda ou resposta pode vir do nada. É tarefa sua ser receptivo.

Se você está na selva, não consegue se lembrar de suas instruções e não usa o seu rádio transmissor/receptor, ela pode ser um lugar assustador!

Nossa missão é cuidadosamente discutida conosco antes de virmos para a Terra, e, se não a concluirmos, teremos de voltar e tentar de novo — ao menos para refazer as partes que não conseguimos executar com êxito. Se uma parte de nossa proposta de vida é lidar com certas emoções, e abandonamos nossa missão deixando relações não-resolvidas e emoções reprimidas ou maldominadas, nós voltamos a encontrar aquelas mesmas pessoas e situações. Se não lidamos com nossos medos, temos de enfrentá-los novamente. Algumas pessoas têm de passar por muitos lagos cheios de crocodilos na selva.

Certas pessoas estiveram na Terra em muitas missões e já são muito experientes aqui. Outras podem ter atravessado os desertos numa carroça muitas vezes, mas nunca enfrentaram as selvas. Apesar de sua larga experiência, a vida na selva pode ser extremamente difícil para elas. Outras ainda tiveram de escalar montanhas, navegar por oceanos e andar de trenó no Pólo Norte, mas perderam-se na selva.

Em outras palavras, há alguns seres altamente desenvolvidos entre nós, que tiveram suas experiências em outros planetas, em outras galáxias e por vezes em outros universos. Mas por evoluída que sua alma possa ser, você poderá se sentir estranho ou perdido na vida caso a sua experiência na Terra seja pequena. Os outros planos de existência que você possa ter dominado não oferecem as mesmas experiências sexuais, emocionais e financeiras que você tem no plano atual. O plano material é o Everest das montanhas a serem escaladas.

Muitos dos que estão encarnando agora têm negócios inacabados ou karma para pagar, e concordaram em fazê-lo no início de sua vida. Quando o tiverem feito, talvez tenham de treinar para um novo caminho.

Parece-me que muitos estão naquele estágio intermediário. Sentem a pressão para se deslocar em direção a seu novo caminho, mas não sabem como executar os passos para tanto. A resposta para isso, claro, é sintonizar sua antena numa amplitude de onda mais alta e ouvir as instruções. Então, aja.

Assim que você tiver completado o seu karma, sua missão lhe será revelada.

Exercícios de Meditação Simples

Para fazer estes exercícios não é necessário ver coisa alguma. Simplesmente perceba, imagine ou sinta, e você se verá ficando mais centrado e capaz de ter acesso a informações de seu mais elevado bem.

Exercício 1

1. Sente-se confortavelmente com os olhos fechados.
2. Relaxe conscientemente, concentrando-se em cada parte de seu corpo por vez e pedindo-lhes que relaxem.
3. Imagine que você está respirando luz por seu umbigo, de maneira suave e confortável.
4. Permita que seu centro coronário se abra e que a luz dourada inunde sua mente.
5. Levante os olhos para o terceiro olho e respire confortavelmente.

Exercício 2

1. Sente-se confortavelmente com os olhos fechados.
2. Sinta cada expiração massagear seu corpo até relaxá-lo.
3. Imagine-se andando por um caminho rodeado de flores através de campos verdejantes.
4. Sente-se junto de um lago claro e azul.
5. Olhe tranqüilamente para a água calma e sinta o brilho e o calor do sol brilhando sobre você.
6. Repita "calma" a cada expiração.

3

Purificação

A fim de estarmos prontos para ascender, precisamos estar tão puros quanto possível — mental, emocional e fisicamente. As emoções negativas com que temos de lidar deixam um resíduo nas células do corpo e na aura, atraindo situações e pessoas negativas para nós. Se há um relacionamento que não perdoamos ou do qual não nos libertamos, é primordial fazer o trabalho necessário AGORA.

Se você está sorrindo na superfície, mas ardendo de ressentimento ou dor, pare de fingir.

Espiritualidade não é ser doce e legal. É ser autêntico e honesto.

Só assim o lago escuro das fundas emoções negativas é reconhecido e dissolvido.

Se suas emoções são turbulentas ou geladas, dirija-se a seu centro quieto e calmo e peça que o cerne da convicção seja revelado a você. Sob o desequilíbrio emocional há uma convicção a partir da qual suas sensações são geradas. Uma vez que lhe for revelada a convicção subjacente, você pode fazer afirmações para mudá-la.

Por exemplo, se você ferve de raiva a partir de uma convicção subjacente de que não é seguro confiar em homens fracos, você pode afirmar: "Agora é seguro confiar em mim mesmo e nos outros." E se encontrar uma convicção subjacente profundamente enraizada segundo a qual você sempre faz as coisas erradas, afirme: "Eu sempre faço as coisas certas."

As emoções fluem livremente pela parte sábia e adulta de nós. Quando estão bloqueadas ou fora de controle, uma parte de nós ainda está presa à infância e reagindo a limitações. Por exemplo, veio até mim uma mulher que sempre sentia enjôos quando seu chefe começava a ficar irritado. Ela era muito competente no seu trabalho e sabia muito bem como apaziguar seu chefe. No entanto, ainda assim sentia-se enjoada quando ele emitia vibrações de raiva. Sendo extremamente sensível aos estados dele, percebeu que quando ele ficava tenso a ponto de explodir, temia inconscientemente que ele agisse com agressividade, como o pai dela fizera. Automaticamente, sentia-se como a criança impotente que costumava receber palmadas, ser mandada para a cama ou humilhada publicamente. As antigas emoções que ainda feriam seu estômago faziam-na sentir náuseas como as que costumava ter nas mesmas circunstâncias quando era pequena.

Para curar-se e recuperar seu poder com esse tipo de homem, ela aprendeu a cuidar da criança ferida que havia dentro de si, e a protegê-la. Ela o fez visualizando a parte poderosa e adulta de si mesma que enfrentava seu pai e dizia-lhe que ele não tinha o direito de tratar a filha daquela maneira. Também o visualizou desculpando-se para a filha e dizendo-lhe que ele não estava bravo com ela, mas sim em razão de outros problemas. Compôs essa cena e sentiu seu pai embalando e amando a filha. Fez isso com firmeza até que sua parte ferida se sentisse mais segura. A partir de então, quando seu chefe se enraivecia, ela se viu capaz de lhe reponder como uma adulta sábia e madura.

Logo em seguida, duas outras pessoas magnetizaram a mesma energia raivosa em direção a sua vida, e ela gostou de se mostrar capaz de lidar com elas de maneira calma e firme, sem sentir enjôos. Sabia que havia aprendido uma das lições de sua vida e purificado antigos sentimentos feridos.

Da mesma forma, também nós precisamos curar nossas partes feridas que ainda respondem a antigas limitações. Tente o exercício de visualização no fim do capítulo.

As emoções recebem expressão física por meio dos líquidos do corpo — lágrimas, linfa, urina e saliva. Estarão esses líquidos fluindo livre e saudavelmente, ou será que você de alguma forma está bloqueando o seu fluxo?

Seu corpo físico é seu templo. Mente inflexível e pouco razoável terá reflexo nos músculos tesos de seu corpo. Se você é tenso, dance e movimente-se, sacuda sua tensão, faça exercícios de relaxamento e visualizações, dê um passeio na natureza, ria e cante, faça tudo o que possa ajudá-lo a soltar-se, até que sua mente também comece a relaxar.

A purificação física afeta também a sua espiritualidade. Kumeka, meu guia, contou-me que o chocolate e o açúcar, todos os derivados do leite e tudo o que tenha uma aparência atraente ou o produto de qualquer coisa que tenha tal aparência diminui nossa luz. O mesmo se aplica aos vegetais que cresceram por meio do uso de pesticidas. Para purificar-nos, precisamos manter nosso templo corporal claro, exercitado e limpo.

Quando deixamos a Fonte, fechamo-nos, e quanto mais longe vamos, é de maneira mais tensa que atingimos um nível celular profundo. Quando as células dentro de nós se tensionam, elas cercam-se de densidade.

Imagine que uma célula é como uma lâmpada iluminada. No centro da célula está um filamento que é nosso verdadeiro DNA de doze cordões. Se a lâmpada luminosa está ligada à corrente de eletricidade, o filamento resplandece. Contudo, na maioria de nós a ligação é impedida por sujeira e poeira. Além disso, em volta de cada lâmpada encontram-se camadas e mais camadas de lama, ou de medo das vidas passadas. Lave a lâmpada e deixe limpa a ligação, e você verá que a luz resplandecerá.

As células do nosso corpo são um trilhão de lâmpadas luminosas.
Ao relaxar, purificar-se e ligar-se à Fonte, você se torna uma poderosa casa de força da luz.

Saint-Germain, um dos Mestres Ascensionados e o mais incrivelmente iluminado, conseguiu para nós recentemente a Chama Violeta da purificação. É mais uma dispensação da Fonte para apressar nosso processo em direção à Luz. Quando invocamos a Chama Violeta e a visualizamos, a purificação acontece no nível em que permitirmos.

Assim, se você está zangado com alguém ou sente-se aborrecido com as pessoas à sua volta — chame a Chama Violeta e imagine você e a outra pessoa dentro dela. Isso pode ajudá-lo a purificar todos os seus relacionamentos.

Se você tem sensações que gostaria de remover, peça ajuda a Saint-Germain, visualize a Chama Violeta e dê um passo para dentro dela. Havendo uma situação difícil ou negativa à sua volta, mantenha-a na Chama Violeta. Pela minha experiência, todas as vezes que o fiz senti-me muito diferente, e houve mudanças sutis na situação ou no relacionamento em questão.

Para purificar sua vida, mantenha na Chama Violeta todos aqueles com quem você tenha agido mal ou que tenham agido mal com você.

Uma afirmação muito eficaz é "EU SOU a Chama Violeta". Isso liga sua poderosa Presença do EU SOU à Chama Violeta. Em algumas disciplinas espirituais, sua Presença do EU SOU é conhecida como Pai Celeste ou Mônada.

Contarei com detalhes sobre os retiros de Arcanjos num capítulo posterior. Contudo, se precisarmos de purificação, poderemos pedir para ser levados ao retiro do Arcanjo Gabriel no etéreo, no Monte Shasta, na Califórnia. Podemos fazê-lo por meditação ou durante a noite. Sabemos quando ocorreu algum trabalho de purificação porque acordamos após ter sonhado com eles.

A primeira vez que pedi para ir ao retiro etéreo do Arcanjo Gabriel, sonhei com uma situação antiga do meu casamento. No sonho, eu estava deitada no chão tendo convulsões e contrações à medida que antigas emoções cristalizadas eram puxadas para fora de mim.

Na noite seguinte, pedi novamente para ir à purificação, e dessa vez em meu sonho uma mulher jovem descia para um lugar onde havia uma fogueira. De repente, houve um clarão de luz dourada, e, ao correr para ele, só o que consegui ver foi um monte de cinzas. Sem dúvida, uma transmutação havia ocorrido ali!

O fogo é um purificador importante. Mentes pouco prestativas ou rígidas causam-nos aborrecimento e envolvem-nos numa energia cinza. Escreva as suas convicções restritivas num pedaço de papel e queime-o.

Se você tem pensamentos inamistosos com relação a alguém, registre seus sentimentos ou faça um desenho da pessoa — e queime-o. Se for impossível usar o fogo, rasgue o papel em pedaços pequenos, jogue-os na privada e dê a descarga, ou então enterre-os no jardim. Faça isso com energia e com a intenção de desprender-se de tudo isso. Continue a fazê-lo até sentir que as emoções negativas foram transmutadas. Controle seus pensamentos sobre o assunto, e você verá o quanto se purificou.

Agentes de cura, consultores e aquelas almas sensíveis que captam os problemas dos outros precisam de constante purificação. Visualizar uma ducha ou cascata de água caindo sobre você é algo que pode ajudá-lo. Ou então, quando estiver no banho ou no chuveiro, imagine a água levando embora toda a negatividade. A imaginação e a ação formam um conjunto muito poderoso.

Lembre-se de que a escuridão serve a luz e o medo serve o amor.

Certa vez, quando fui vítima de um ataque psíquico, Kumeka orientou-me para queimar fotos antigas e liberar minha raiva e minha frustração pelo registro constante e pela queima de meus sentimentos. Disse-me que fizesse um desenho da pessoa que estava me atacando e queimá-lo. Sob a orientação dele, limpei a casa, removendo o entulho, redecorando e borrifando água benta em todos os cômodos. Verifiquei se realmente só havia livros espirituais nas estantes, já que eles irradiam uma luz pura, mantive acesos velas e incensos e passei a entoar constantemente o eterno Om.

Sonhei que a água fervente estava sendo lançado contra a cúpula dourada perto de casa, mas não podia penetrá-la. Depois que purifiquei a mim mesma e a casa inteira daquela forma, tive um sonho vívido em que eu era procurada pela pessoa que estivera me atacando, mas ela não conseguia me achar. A purificação havia me tornado invisível.

Kumeka, em sua sabedoria, fez-me lembrar: "Olhe só como ele ajudou a você. Ele a forçou a purificar-se."

Podemos então abençoar as trevas. Elas nos ajudam em nosso caminho para a Ascensão.

Exercícios de Purificação

Liberte-se de sua parte ferida

O seu eu sábio, dourado, ilimitado e adulto está sempre livre. Todas as emoções negativas provêm de uma parte infantil de você, presa a sentimentos antigos.

1. Feche os olhos e respire algumas vezes para relaxar.
2. Pense na última vez em que sentiu raiva, mágoa ou qualquer outro modo negativo, e deixe os sentimentos virem à tona.
3. Nesse momento, pergunte a si mesmo: "Que idade tem a criança ferida dentro de mim?"
4. Reconheça seu medo e dor, e deixe seu eu adulto dar a ela tudo o que precisa para sentir-se segura, feliz e livre.
5. Lembre à sua parte infantil que agora você está ali para olhar por ela.
6. Inspire sabedoria dourada e faça-a encher sua aura.

Passos físicos para a purificação

- Queime todas as fotos ou objetos significativos que tragam lembranças da pessoa, do lugar ou da situação.
- Registre todos os sentimentos de frustração, raiva, dor, medo, etc.,

e queime o papel, enterre-o ou jogue-o fora. Repita esse procedimento tantas vezes quanto for necessário.

- Faça um desenho da pessoa (uma figura em forma de palito já serve) e queime, enterre ou jogue fora. Repita esse procedimento tantas vezes quanto for necessário.
- Remova toda a bagunça de todos os cômodos da casa.
- Limpe e, se necessário for, redecore sua casa por dentro e por fora, de maneira apropriada.
- Verifique se não há livros em suas estantes ou quadros nas paredes que emanem energia negativa. Cerque-se de plantas e de livros, quadros, cores, etc., de alta vibração.
- Borrife água benta em todos os cômodos.
- Defume salva e/ou queime incensos.
- Ponha música sacra para tocar e entoe Om ou cante.
- Ponha flores frescas nos cômodos.
- Limpe e purifique seus cristais e dedique-os à Luz.
- Acenda velas.

Visualizações para a purificação

- Mantenha a pessoa ou a situação na Chama Violeta.
- Invoque a ajuda dos Mestres Ascensionados, a Grande Fraternidade Branca, anjos e arcanjos.
- Desligue-se psiquicamente da pessoa ou da situação visualizando todos os cordões que o ligam e cortando-os.
- Quando estiver pronto para tal, esqueça a pessoa, as pessoas ou a situação.
- Afirme: "Amor e Luz Divina, fluam através de mim todas as vezes em que eu pensar em..."
- Abençoe a pessoa ou a situação por oferecer a você a oportunidade para purificação.

4

Liberdade

Quando estamos ligados a uma pessoa, coisa ou emoção, ficamos presos como se tivéssemos uma bola de ferro atada a um de nossos pés por uma corrente.

Se você visse um pássaro preso num arbusto espinhoso, é claro que você gostaria de libertá-lo para que ele pudesse voar livremente. Se você visse o mesmo pássaro no arbusto e percebesse que ele está preso não pelos espinhos, mas por seu próprio medo de voar, você ficaria surpreso; certamente você o libertaria e o persuadiria a voar.

Somos seres presos de um modo incrível e impressionante às cadeias dos padrões repetidos, das mentes rígidas e das convicções emocionais. Chegou o tempo de nos libertarmos das correntes mentais e emocionais para que possamos ascender. Ao contrário do pássaro, não temos de esperar por alguém que nos venha libertar. As chaves estão conosco.

A maioria de nós está ligada a amigos, amantes, familiares, à casa, ao trabalho e a um milhão de outras coisas. Se por um lado isso é humanamente compreensível, no entanto mantém-nos ancorados numa vibração mais baixa.

Consciência é liberdade. Quanto mais alto formos, mais ampla será a imagem geral que poderemos ver e maior será a nossa compreensão. Se você perguntar a um piolho no dorso de um elefante o que é um elefante, ele dirá que é uma criatura cinza e achatada. Para uma pulga, que pode pular uns poucos centímetros de altura, ele é uma criatura cinza, coberta de cabelos como árvores e de poros como crateras, ao passo que para um pássaro no céu ele é uma criatura em meio a uma manada de animais semelhantes. Visto do espaço, ele é um ponto na Terra, que é um dos milhões de planetas no universo.

Alguns humanos estão completamente imersos na terceira dimensão. Só acreditam no que podem ver, ouvir, tocar e provar. São como piolhos no dorso do elefante. Qualquer pessoa cujo mundo seja limitado ao material e físico encontra-se cheia de medos, dúvidas e ilusões. Ver as coisas com visão e convicções restritivas é limitar o seu poder de criação. O mundo material e físico é conhecido como o plano da ilusão.

Quando decidimos nos deslocar para um plano espiritual, até então invisível, as portas começam a se abrir. O quarto plano é o plano do amor incondicional. É onde aceitamos que somos espírito e adquirimos consciência de que criamos nossa realidade.

Somos todos responsáveis pela criação de nossa realidade. Nossos pensamentos, palavras, emoções, força de vontade e ações dirigem nossa vida, e quando isso é completamente aceito por nós, nossa vida muda. Começamos a entender a missão geral de nossa vida. Podemos então abrir as portas de nossa prisão e voar livremente.

Estamos nos transformando num planeta pentadimensional. Em 1997, os chakras da quinta dimensão desceram para todas as pessoas (ver Capítulo 13). Quando os ativamos, identificamo-nos totalmente com o espírito e assumimos o pleno comando de nossa vida. A energia de nossa alma desce até a parte de nós que está encarnada, de modo que possamos viver de modo alegre e radiante, completamente livres de antigas emoções e convicções aprisionantes.

A diferença entre um Mestre e um humano tridimensional é que a pessoa mediana é agitada como uma folha ao vento pelas vontades mais fortes das outras pessoas. Uma vez que a maioria das pessoas precisa de aceitação, aprovação, reconhecimento e amor dos outros, elas se subjugam à vontade dos demais.

Cada vez que precisamos de ratificação exterior, ficamos dependentes dos outros, pois damos a outrem autoridade sobre nossa alma.

Quando estamos em busca de conselho e ajuda em vez de ouvir a nossa intuição e tomar nossa decisão, transferimos o nosso poder.

Independência confere liberdade.

Independência significa ouvir a nossa intuição e agir de acordo com ela — não importa como. É aprovar, amar e reconhecer nosso eu. Passamos a irradiar uma sabedoria e uma serenidade totalmente carismática.

A liberação das emoções negativas traz liberdade.

A maioria de nós está ancorada na terceira dimensão pelas cadeias do medo, da dor, da ganância, do orgulho, do ciúme, etc. Dizemos inconscientemente "Prefiro me ater a essa velha ferida a ascender", ou "Eu prefiro ater-me à minha indiferença orgulhosa a ascender", ou "Prefiro me ater a meu medo ou fracasso a ascender".

Sarah e Jack eram duas pessoas bonitas deste mundo. Eram atraentes, tinham sucesso e sentiam-se muito apaixonadas; contudo, viviam em meio a brigas e discussões, pois estavam numa luta de poder.

Ao ver que ele não a convidara para trabalhar no escritório, ao passo que outras esposas e companheiras eram convidadas, Sarah ficou arrasada. Num nível racional, ela compreendia as razões dele, pois sua ex-companheira fizera cenas no escritório. Mas todas as suas inseguranças e medos internos e infantis de não ser bem aceita vieram à tona. Ela começou a parecer e a sentir-se magoada.

Perguntei-lhe se ela amava Jack, e sua resposta foi a de que realmente o amava e, mais do que tudo, queria que o relacionamento desse certo. Ela ficou completamente desconcertada quando observei que isso não era bem verdade. Ela queria de fato segurar-se à sua dor mais do que a qualquer outra coisa. Felizmente ela concordou de imediato. Perguntou-me o que poderia fazer, pois ainda se sentia muito zangada. Sugeri que renovasse a confiança e o poder de sua criança interior. Somente quando sua criança interior se sentisse segura e feliz ela poderia conversar com Jack com uma energia diferente. Tendo feito isso, dez minutos depois eles estavam se comunicando como adultos. Ele deu a ela seu parecer honesto, contando-lhe que a imagem de Sarah como uma criança magoada jamais saía de sua cabeça. Ela parecia radiante, e a mágoa parecia ter evaporado. Relacionando-se num nível adulto, é claro que ele queria Sarah junto de si para seu trabalho no escritório.

As chaves da liberdade são:

- Perdoe a si mesmo e aos outros. Expresse sua intenção de abrir mão.
- Aja como se você não pudesse falhar em coisa alguma que faça. Com o sucesso como o único resultado, o que você está livre para fazer agora?
- Seja sereno. Centrado e sereno, você é desprendido e independente, e ninguém poderá influenciá-lo.
- Posicione você e os outros em situação de vencer ou vencer.
- De maneira criativa, imagine-se livre, alegre, sendo amado e tendo sucesso.
- Esteja consciente de sua criança interior e cuide dela.

Exercícios

- Reflita sobre a seguinte afirmação: "Agora que o sucesso é inevitável, o que vou fazer? (Isso se aplica a todos os âmbitos da sua vida.)
- Faça-se consciente dos pensamentos, das emoções e convicções que o impedem de atingir ou receber esse sucesso.
- Imagine os pensamentos, as emoções, pessoas e situações que o impedem de avançar, como os elos de uma corrente. Corte cada um dos elos. Você pode também desenhar as coisas e as pessoas que o impedem de avançar e apagá-los, riscá-los ou cortá-los em pedaços.
- Com paixão, energia e imaginação criativa, visualize-se desfrutando as coisas que você quer na vida.

5

Paz Interior

Quando está em paz, você irradia uma vibração cuja qualidade permite que todos à sua volta se sintam seguros. Quando você está tenso e ansioso, emite uma mensagem subliminar de que nem tudo está bem, de que há algo a temer. Os outros à sua volta respondem inconscientemente a essa mensagem. Ou eles a recebem com medo e aumentam-na ou então se distanciam, fazendo com que você se sinta isolado. A tensão separa-o do contato interior com o Divino e faz os problemas parecerem muitas vezes intransponíveis.

Quando você encontra o lago profundo da serenidade dentro de você, toda a tensão do seu corpo se dissipa, todo o medo se dissolve. Você está aberto para a Luz, e as soluções para os desafios se apresentam por si mesmas. As portas estão abertas e a vida flui.

Num estado de calma, paz e serenidade, você é como uma pedra. Ninguém pode machucá-lo ou aborrecê-lo, porque você não permite que o façam. Sabendo disso, nem tentam.

Cada momento único da vida oferece uma oportunidade para o crescimento espiritual. Isso porque estamos constantemente pensando, e cada pensamento eleva ou abaixa nossa freqüência vibracional. Um Mestre observa seus pensamentos, pois sabe ser ele quem cria a aura em torno dele. Num dado instante, se estiver ansioso, você pode parar, concentrar-se em pensamentos calmos e imaginar resultados positivos para seus desafios. Você pode imaginar um lugar sereno. Sua mente não sabe que é sua imaginação. Ela acredita que tudo está bem e relaxa seu corpo.

As palavras criam símbolos. Cada palavra que você profere tem uma forma. Esta pode ser um cubo de gelo, um despertador, um manto dourado ou uma rosa. Por acaso suas palavras esfriam, machucam ou amedrontam os demais? Ou será que os fortalecem, curam e confortam? Comece a reparar nos símbolos que você envia às outras pessoas, pois eles voltam para você feito um bumerangue e ficam em sua aura, onde atraem outros da mesma estirpe, já que as pessoas responderão inconscientemente.

O silêncio é uma prática espiritual profunda.

É claro que as ações falam mais alto do que palavras e pensamentos. Os Mestres Ascensionados agem como gostariam que agissem para com eles, e por isso cultivam a atenção, a bondade, a generosidade, a aceitação, a coragem e ações de alta qualidade.

Muitas vezes os humanos dizem coisas sem sentido. Fazem mexericos. Falam de guerras, doenças, ódio e outros absurdos. Infelizmente, muitos tendem a achar tediosos todos os outros assuntos.

Se você deseja ser um Mestre, não introduza negatividade, pois existe uma outra verdade. Fale de esperança, de luz, das maravilhas do universo. Encha suas conversas de inspiração. Busque o bem nas pessoas. Reconheça feitos e atos de bondade.

Sinta sua aura ficando mais radiante e cheia de paz a cada minuto.

Se você deseja encontrar paz interior, abençoe seus inimigos. Somos todos um só. Somos todos parte do Divino. Nossos inimigos vêm até nós como nossos maiores professores. Quando paramos de culpar os outros e começamos a abençoá-los, nossa luz cresce, e a serenidade se aprofunda dentro de nós.

Para estar em paz é preciso assumir inteira responsabilidade pela nossa vida. Não podemos estar em paz se damos a outrem o poder de nos machucar ou de nos enraivecer, de nos frustrar ou de nos enciumar. Se culpamos quem quer que seja pelo que suas ações causaram em nossa vida ou por como fizeram com que nos sentíssemos, somos vítimas. E vítimas vivem na terceira dimensão.

Um Mestre diz: "Isso aconteceu. Como permiti que acontecesse? Que lição isso me ensina?" A lição de alguém pode ser amar e aceitar uma pessoa ou situação. A de outros pode ser dizer a verdade com clareza; outros ainda podem precisar desafiar e até mesmo lutar por seus direitos. Cada pessoa tem de se voltar para seu interior a fim de compreender os testes à medida que lhe aparecem e resolvê-los da melhor maneira possível.

Para um Mestre, cada situação é o que é. O cachorro morre, um bebê nasce, um ente amado é ferido, a casa queima completamente, você ganha um prêmio, há um problema a ser trabalhado. Um humano tridimensional reage com raiva, medo ou exaltação — os humores oscilam de acordo com as circunstâncias. Já o ser humano pentadimensional permanece centrado.

Somos humanos, e humanos têm emoções. Também os Mestres choram. Os Mestres ficam com raiva. Jesus chorou. Jesus sentiu raiva dos usurários. Não podemos esperar ser diferentes. É normal lamentar-se, afligir-se ou exultar-se. Contudo, os Mestres retornam rapidamente a seu equilíbrio. Não gastam muita energia oscilando de um extremo de emoção para outro.

O medo é o grande ladrão da paz. O medo é a ausência de amor e luz. É um serviçal a nos lembrar de elevar as vibrações de nossos pensamentos com respeito àquela questão. Os Mestres saúdam e enfrentam os medos, pois eles são oportunidades para o crescimento.

Se você teme encarar a si mesmo, ore ou preencha sua mente com mantras. Ore pelas qualidades de que você precisa. Ore por resultados positivos. Isso o manterá concentrado na vibração mais alta e dirá ao universo que você está pronto para a mudança.

Uma vez tendo enfrentado um medo, aprendido o que ele tem a oferecer e elevado sua vibração, você jamais terá de enfrentar o desafio da baixa vibração novamente.

Se você sentir um início de tensão, que é a desconexão com Deus começando a ocorrer, aprofunde sua respiração e torne-a mais lenta. As respirações profundas e lentas têm o dom de nos reconectar, pois não estamos inspirando apenas oxigênio, mas também o prana, que é a força divina da vida. Estamos respirando a respiração de Deus.

É por isso que respirar a fumaça de um cigarro mata o espírito, e que viver num lugar poluído destrói a força vital. Se você se sentir desprovido de espírito, vá para um lugar belo e limpo, com ar puro. E então respire em Deus novamente. Depois de qualquer trauma ou problema, com três respirações os Mestres conseguem retornar a seu equilíbrio. Isso é algo para se praticar.

6

Simplicidade

Enquanto escrevo este livro, Kumeka vem sempre me fazendo lembrar que a simplicidade é a chave para a Ascensão. Cada vez que lhe peço uma informação complexa sobre a Hierarquia Espiritual ou algo a ela relacionado, ele pergunta: "Por que você quer essa informação?" Muitas vezes sou obrigada a concordar que é meu interesse mental que está agindo aí, e que isso em nada ajudará meu crescimento espiritual. Algumas vezes ele dá a informação, outras não!

Numa noite inesquecível, Shaaron e eu estávamos juntas meditando e nos ligando a ele no nível mais alto que juntas podemos alcançar. Shaaron disse que o Senhor Kuthumi havia se reunido a Kumeka, e que juntos os dois ponderavam. Uma vez mais o Senhor Kumeka nos fez lembrar que a simplicidade é uma chave para a Ascensão.

A certa altura eu lhe fiz uma pergunta sobre Jesus, o Cristo, e Kumeka, com a simplicidade direta que lhe é peculiar, respondeu: "Pergunte a Ele você mesma."

Shaaron, que é totalmente sensitiva e muitas vezes cética, disse ofegante: "Você acreditaria se eu dissesse que Jesus está aqui nesta sala com Kumeka e Kuthumi?" Eu fiquei impressionada! Jesus respondeu às minhas perguntas, depois apanhou uma enorme margarida branca com um centro dourado e deu-a para mim.

Em seguida Ele nos convidou para segui-lo e levou-nos por uma incrível viagem interior. Fomos encorajadas a adentrar um portal caminhando sobre margaridas altas e brancas. Tínhamos de confiar totalmente em que elas nos ampárariam. Então Kumeka assumiu a direção e conduziu-nos a um templo onde os Mestres Ascensionados se encontravam para receber ensinamentos diretamente de Deus. Kumeka disse-me que eu poderia fazer uma e somente uma pergunta, e então eu receberia a resposta.

A pergunta ocorreu-me de imediato. "Como posso servir a Deus da melhor maneira?"

Ele entregou-me um pergaminho de uma grande biblioteca de pergaminhos. A resposta era atordoantemente simples. "Seja calma. Seja você mesma." E acrescentou, em seguida: "Então as portas se abrirão."

Alguns dias depois, no equinócio da primavera, formávamos um grupo no topo de uma montanha local, um sítio poderoso, na escuridão da alta madrugada. Estávamos num ponto em que Saturno fazia uma linha direta com Stonehenge. O cometa Hale-Bopp, portador de enormes mudanças, brilhava no céu. Então surgiu o sol: claro, brilhante, de uma beleza de tirar o fôlego, num nascer do sol dos mais maravilhosos que até então eu presenciara. Senti-o como uma dádiva, um lembrete de que a natureza, em sua simplicidade, oferece-nos uma beleza inacreditável.

Eu estava querendo escrever este capítulo no dia anterior, mas as coisas andaram rápido demais. Tive de interromper as minhas anotações e de me lembrar da simplicidade, graças ao puro silêncio e à beleza do nascer do sol daquela madrugada. Tudo acontece no tempo de Deus.

Certa vez ouvi no rádio a história de uma mulher idosa que havia passado anos tentando sentir a presença de Deus. Recorreu a um sábio após outro em busca de Deus, e tentou todos os tipos de práticas. Um dia, conversando com um jovem vigário, contou-lhe sobre sua busca. Hesitante, ele disse: "Realmente não sei como posso ajudá-la, mas acho que a senhora deve ir para a sua humilde casa, pois todos os seus tesouros e lembranças estão lá. Basta que a senhora fique lá, tricotando, repassando suas lembranças e agradecendo por todas elas."

"Tentarei", ela replicou. "É verdade que tenho uma porção de coisinhas na minha sala, e todas trazem lembranças consigo."

Ela foi para casa e sentou numa cadeira de balanço com seu tricô. À medida que ia batendo as agulhas, olhava em torno e recordava de muitas coisas. Agradeceu por todas as experiências e pelos bons tempos que teve em sua vida. Dali a pouco, pareceu-lhe sentir um tipo de coisa mais quente, dourada e cheia de paz. Ela percebeu uma presença em torno de si.

Ela voltou e contou ao jovem vigário que, após tanto ter buscado e procurado, ela havia enfim sentido a presença de Deus quando calmamente tricotava em sua casa e mostrava-se grata por todas as coisas. A simplicidade da gratidão abre-nos para Deus.

Perguntei a Kumeka sobre os meios de conectar-se às mais elevadas artes curativas. Sua resposta foi típica: "Volte para o fundamento."

"Peça, e a porta se abrirá. As pessoas parecem querer complicar as coisas, quando estas são muito simples. O simples desejo é suficiente. Siga-o comprometido no tempo e no espaço, e tudo o que você verdadeiramente deseja será trazido para você. Mas você tem de pedir. Algumas das maiores lições da vida estão na Bíblia. Nesse caso, lembre-se da porta sem a maçaneta. Bata, e ela se abrirá para você."

Ele continuou, "Muitas pessoas têm um monte de opções maravilhosamente complicadas para fazer as coisas. Não é necessário. A inteligência humana pega as coisas simples e torna-as complicadas".

Certa manhã acordei e encontrei algo que eu havia escrito num bloco de anotações, ao lado da minha cama: "Se for complicado, é coisa do ego. O espírito é simples."

Então, aqui estão alguns fundamentos simples para a vida:

- Coma com simplicidade.
- Viva com simplicidade.
- Abençoe sua comida.
- Desfrute tudo o que você faz.
- Seja inocente. Isso significa ser em sua essência. Não tente ser ninguém que você não seja. Seja tão-somente você mesmo.
- Lembre-se sempre de que se alguém não está agindo com amor, esse alguém está pedindo mais amor; dê a ele esse amor.
- Seja calmo.

Exercício — Para encontrar a simplicidade da criança

1. Cante ou cantarole uma canção ou hino simples de sua infância.
2. Feche os olhos e peça a alguém que você admira — um Santo, um Mestre Ascensionado, uma Pessoa Sagrada — que chegue até você.
3. Imagine-o tocando sua cabeça e abençoando-o.

7

Abundância

Na terceira dimensão, a consciência da pobreza é endêmica. As pessoas estão sempre pensando, falando e agindo como se fossem pobres e carentes. Elas se dão um atestado de pobreza. A mídia faz a sua parte, focalizando o medo e a perda, confirmando assim a convicção, agora mantida no inconsciente coletivo, de que somos vítimas indefesas num mundo terrível. Em decorrência disso, muitas pessoas pelo mundo afora estão criando uma realidade física para a pobreza.

Para viver na quinta dimensão e ascender, temos de adotar a consciência da abundância.

Isso significa respirar, pensar, falar e agir como filhos amados de Deus, sabendo que seremos sempre sustentados.

A consciência da pobreza vem dos votos de pobreza da vida passada, de convicções arraigadas no inconsciente sobre a indignidade da abundância ou do condicionamento, pela sociedade, de que de alguma forma é impossível e antiespiritual ser abundante. O oposto é que é verdadeiro.

Deus quer que todos vivamos em abundância.

Abundância é fluir com amor, felicidade, prosperidade e sucesso, o que naturalmente resulta numa saúde boa e vibrante.

Prosperidade não é ter dinheiro no banco, poupar com medo de ficar sem ou de não ter o suficiente. Isso é ser dominado pelo dinheiro.

Prosperidade é ter muito, sabendo que terá ainda mais. Consciência de prosperidade é acreditar que sempre haverá muito, é pensar, falar e agir com base nessa premissa. Então dominamos o dinheiro.

Amar não é se apegar a amizades e relações ou manipular e chantagear os outros para tê-los com você. Não é fazer as pessoas dependentes para que elas não deixem você, nem agradá-las para que gostem de você. Amar é ser verdadeiro consigo mesmo e desfrutar de suas relações com o companheiro ou a companheira, com a família, com os filhos e com os amigos, deixando-os livres, sabendo que sempre haverá pessoas que amam você. É cuidar incondicionalmente das pessoas. É também amar a si mesmo e sentir-se à vontade com a própria companhia.

Sucesso não é guiar-se e empenhar-se em ter reconhecimento exterior e coisas materiais. É uma sensação de realização e valorização de si mesmo, e também de paz, alegria e satisfação.

A felicidade não depende de como as outras pessoas tratam você. Depende, isto sim, de um sentimento de luminosidade e alegria que está dentro de você.

A abundância flui como resultado de seus pensamentos e ações. Livre-se do medo de não haver o bastante. Há muito para todos.

Se você dá alguma coisa pensando "Estou sempre bancando fulano" ou "Sou eu que sempre pago", você está recusando. A generosidade é uma qualidade pentadimensional e significa dar livremente de todo o coração. Isso significa mais coisas fluindo para você.

Você daria mais para os outros se tivesse certeza de que mais ainda fluiria para você? Então dê de todo o coração, e você vai ver que fluirá.

O amor incondicional é, obviamente, uma qualidade pentadimensional. Ele significa aceitar as pessoas exatamente como elas são, sem julgamento. É reconhecer o bem nos outros. É compaixão, empatia e compreensão. O amor genuíno é uma qualidade tão magnética que a pessoa que o irradia atrai os outros para si.

Você deixaria alguns de seus amigos ou mesmo seu parceiro ou parceira se soubesse que a lacuna seria preenchida por pessoas de vibração mais alta? O seu trabalho, seus *hobbies*, sua casa estão lhe satisfazendo plenamente? Trazem para você um sentimento de alegria e de realização? Há alguma coisa em sua vida que você mudaria se soubesse que algo melhor poderia fluir para você? O medo que o mantém apegado ao antigo está bloqueando seus canais de abundância.

Assim como um rio flui incessantemente, da mesma forma a Lei do Fluxo assegura que não haverá vazios na vida. Se deixamos alguém ou alguma coisa, novas coisas e pessoas tomam o seu lugar, embora haja um período de espera. Naturalmente, se você deixa as coisas acontecerem, mas continua a emitir as mesmas mensagens subliminares, você terá de volta as mesmas antigas condições. Porém, se você deixa uma vibração mais baixa e passa a emitir uma vibração mais alta, alguma coisa nova e melhor baterá automaticamente à sua porta.

Uma jovem que havia passado por uma série de empregos horríveis, com chefes difíceis e autoritários e muitos relacionamentos desmoralizantes, decidira trabalhar em seu próprio desenvolvimento pessoal e espiritual. Após dois anos de trabalho consigo mesma, ela estava num emprego onde o chefe e os colegas eram leves, relaxados e, o mais importante, eles a valorizavam e respeitavam. Seu novo namorado era gentil, sábio e atencioso. Contudo, sentia-se entediada com o trabalho.

Ela me contou que estava procurando outro emprego e sentindo-se mais confiante em si mesma. Disse-me: "Sei que dominei o padrão antigo e, já tendo me relacionado com pessoas tão amáveis no trabalho, posso fazer o mesmo novamente. Sinto que agora posso mudar para um trabalho que me deixe mais realizada." Ela sabia claramente que tinha elevado suas vibrações e estava pronta para atrair um emprego mais abundante.

Abundância é decidir o que queremos e deixar totalmente claro que nós o merecemos.

Abundância é dar os pensamentos, as palavras, emoções e ações certas. É também receber os pensamentos, as palavras, emoções e ações certas. Devido à Lei do Fluxo, não nos é possível fazer uma coisa sem a outra ou bloquear o rio da abundância.

Na terceira dimensão, o que damos retorna, de algum modo, para nós.

Na quarta dimensão, o que damos retorna triplicado. Na quinta, retorna multiplicado por dez.

A Lei do Retorno Multiplicado por Dez

O que quer que demos de coração de algum modo retorna para nós multiplicado por dez. Podemos dar uma refeição ou receber um livro. Podemos dar dinheiro a uma pessoa e, de outra, receber um dia de folga. Podemos dar uma ajuda a alguém e conseguir a atenção especial de outra pessoa.

Nunca espere nada de volta de uma pessoa para quem você dá. Isso vai contra a Lei da Abundância! E receba abertamente tudo o que vier até você com um sentimento de merecimento e gratidão.

Você terá então a chave para um "valor" maior do que lhe é possível imaginar. Você é um Mestre, e para você encontra-se operando agora a Lei do Retorno Multiplicado por Dez. Essa lei, como todas as outras leis espirituais, é exata.

O que você dá de coração sem calcular quanto lhe custou, de algum modo retorna para você multiplicado por dez.

Para viver em abundância, temos de amar-nos naturalmente e nos darmos a nós mesmos. Se damos para todos exceto para nós, é tempo de questionar o motivo que temos para dar. Em geral tendemos a nos compensar de forma exagerada pela nossa falta de amor e auto-estima, e isso, é claro, bloqueia a ação da lei. Portanto, não dê demais aos outros. Mantenha um equilíbrio entre dar e receber.

Se você fica contrariado por estar dando apoio a alguém, pare um pouco e aprofunde-se em si mesmo. Você está recuperando essa pessoa? Em outras palavras, você é emocionalmente co-dependente? Ou você está cumprindo um acordo ou compromisso advindo de vidas passadas?

Por exemplo, estou certa de que Vincent van Gogh e seu irmão fizeram um contrato pré-vida, pelo qual o irmão apoiaria Vincent financeiramente para que ele pudesse dar ao mundo aqueles quadros incríveis — quadros que, para mim, vibram de acordo com a consciência de Cristo. Daí sua duradoura popularidade.

Podemos "lembrar" inconscientemente que fizemos um contrato numa vida passada para ajudar alguém em algum ponto de sua vida. Se não mantemos nossas promessas, contratos e compromissos feitos nesta vida ou numa vida passada, ou mesmo entre nossos Eus Superiores, atraímos frustração, desapontamento e perdas para nossa vida. Quando honramos essas promessas, somos recompensados dez vezes mais.

Uma amiga minha ajudou um homem a superar um trauma horrível que ele sofrera em sua vida. Ela cuidou dele, deu-lhe apoio e carinho. Ainda assim, de vez em quando ficava realmente zangada, pois temia não ter o suficiente para ambos. Ela sempre se ressentia de estar pagando por ele. Seus negócios sofriam contínuos reveses.

Pouco a pouco, comecei a perceber que sua atitude para com ele começava a mudar sutilmente. Ela me contou que não tinha mais a intenção de ajudá-lo financeiramente, pois percebera o quanto se apoiava nele emocionalmente. Tão logo fez essa mudança, seus negócios começaram a florescer.

Ela vinha honrando um compromisso de vida passada com ele de maneira automática e no lugar errado. Enquanto o fazia, sofria perdas e assaltos nos negócios. Agora, ao honrar o contrato com seu coração, ela ativava a Lei do Retorno Multiplicado por Dez.

Observe como a manifestação das Leis de Abundância na sua vida é fundamental para o desenvolvimento espiritual.

Pense naqueles Iluminados que escolheram vidas de afluência e poder. Kuthumi foi Pitágoras e Shah Jahan, o Imperador da Índia que construiu o Taj Mahal. Serapis Bey foi o faraó Akenaton. Monka foi o cabeça da civilização inca. El Morya foi o Rei Salomão. Quando Jesus foi José, tornou-se governador do Egito.

Uma vez tendo dominado as Leis do Universo, escolheram encarnar em posições de afluência e poder para que pudessem influenciar diretamente a vida de milhões de pessoas.

Quando os trabalhadores da luz de todos os lugares detiverem o dinheiro e o poder, o mundo se transformará rapidamente.

Exercício — Visualização da abundância

1. Relaxe.
2. Abra seu coração.
3. Imagine alguém de quem você não gosta recebendo exatamente o que ele ou ela mais deseja.
4. Imagine alguém que você ama recebendo tudo o que ele ou ela deseja.
5. Imagine-se recebendo tudo o que você quer.
6. Lembre-se de que você merece isso e está autorizado a recebê-lo.

8

Manifestação

Para ascender, temos de dominar a nós mesmos, isto é, nossos pensamentos e emoções. Discutimos a abundância, que é criada pela direção positiva do pensamento, da palavra, da emoção e das ações.

Um Mestre tem de fazer muito mais. Ele ou ela também tem de ser capaz de dominar a matéria. Elevando sua vibração à freqüência do Divino, você pode controlar a formação da matéria.

Você pode fazê-lo não só neste planeta, mas em outras galáxias e universos, e tornar-se um Mestre Criador. Esse é um trabalho altamente importante para aqueles que passaram em seus testes de iniciação e estão prontos.

A maioria dominará primeiramente as Leis da Manifestação neste planeta, mas alguns de vocês vêm codificados para ajudar também em outros planetas e trabalharão muito mais lá do que aqui. Você será avaliado e recompensado no Grande Plano das Coisas.

Os fundamentos da manifestação consistem em dominar a mente e as emoções. Nos planos mais altos, todas as coisas retornam para este. Devote-se ao mais alto. Quando você puder disciplinar sua mente e suas emoções e focalizá-las de maneira clara e decidida, você se manifestará com poder e sabedoria.

Você será como um arqueiro com seu arco e flecha. Somente pensamentos isolados impedem suas flechas de manifestação de atingir o alvo. Se você é facilmente desviado por opiniões e comentários alheios, você hesita. Você deixa de posicionar sua vista com firmeza, e a flecha espatifa-se no chão ou erra completamente o alvo.

Os Mestres estabelecem seu alvo. Suas mentes são calmas e claras, suas emoções são estáveis; eles apontam, e nada nem ninguém pode desviar sua flecha.

A própria flecha tem de ser direta e verdadeira. Esta é a intenção. As intenções têm de ser as mais altas e puras. As penas têm de ser equilibradas e bem aparadas. São as emoções, a confiança e o sentimento de legitimidade que asseguram um vôo verdadeiro.

A pessoa comum tem uma mente dispersa. Os Mestres mantêm sua mente concentrada no objetivo até que ele acaba, inevitavelmente, ocorrendo.

Tendo você uma intenção clara de que o maior desejo de sua vida é a Ascensão, fazer a vontade de Deus, deixar o ciclo de renascimentos, servir com os Mestres num nível mais alto, então a vida começa a ficar mais simples. As escolhas desaparecem. Você passa a fluir numa corrente mais elevada de consciência.

Aqui vai um grande segredo. Se você deseja manifestar uma coisa, pessoa ou situação em sua vida, você se concentra nas *qualidades mais elevadas* que essa manifestação trará a você. Imagine que você já tem o que quer para manifestar e ter o sentimento de desfrutar essa mais alta das qualidades. Pelas Leis da Atração, isso atrairá todas as coisas que lhe forem adequadas.

Se seu desejo for trabalhar com curas, por exemplo, você se concentra na alegria e satisfação, na compaixão, na graça que você tem a oferecer. Quando você menos espera, alguém estará lhe dando cristais de cura ou ensinando-lhe a canalizar seus dons curativos. Uma vez fluindo junto a uma corrente de consciência divina, você sabe que tudo o que se manifestar será para o seu mais elevado bem.

Se você deseja manifestar umas férias, pense na sensação de relaxamento, revigoramento e quietude de que você necessita, ou, preferindo algo excitante, pense na sensação de aventura, de exploração e de mudança. Isso, com um foco claramente direcionado, magnetizará as férias perfeitas para a sua vida.

Para uma manifestação nas dimensões mais altas, você detém intenções para o mais alto bem e deixa os detalhes para o espírito.

Uma viúva idosa, minha conhecida já há anos, ansiava por um homem na casa. Ela queria segurança e uma companhia masculina, mas ao mesmo tempo queria manter sua liberdade. Na verdade, ela não queria outro companheiro. Tinha clara consciência do que queria e emitia uma nota pura para o universo. Concentrava-se em atrair para si as qualidades de segurança, companheirismo e liberdade pessoal.

Poucos dias depois, um jovem estudante batia à sua porta, como que do nada, procurando um quarto para alugar. Ela jamais pensara em ter um inquilino, mas confiou na sabedoria do universo, e o que se manifestou provou ser uma solução perfeita.

Uma das chaves da manifestação é o princípio do "como se". Isso é fé. Significa agir como se você já tivesse o que deseja manifestar.

Um jovem casal polonês queria emigrar para Israel e viver numa determinada cidade onde pudessem conseguir acomodação e bolsas de estudo. Seus lugares no vôo estavam reservados, mas os papéis não chegavam. Poucos dias antes da data marcada para a viagem, os papéis ainda não haviam chegado, e seus parentes telefonavam de Israel para a Polônia cheios de pesar e pessimismo. Todos se preocupavam, dizendo "Ai, queridos! E agora?" ou "Que coisa triste! Os papéis nunca chegarão a tempo", e fazendo todo o tipo de afirmações negativas e preocupadas, até que o jovem casal começou a duvidar e a temer aquela situação que se arrastava.

Então o jovem percebeu que eles estavam fazendo tudo errado, e que aquela energia negativa estava bloqueando os papéis. Ele se tornou mais afirmativo para o universo. Telefonou para todos os seus parentes dizendo-lhes que estava tudo certo, que os papéis haviam chegado e que lhes fora oferecido tudo o que queriam. A tensão se dissolveu. Todos relaxaram. A energia se elevou. Naquele momento o universo liberou os papéis, que chegaram dois dias depois, na hora H. Ao casal foi dado o que havia pedido.

A fé se manifesta.

Você pode manifestar muitas coisas usando só o hemisfério esquerdo do cérebro. Trabalhando duro, conduzindo, confiando e lutando, você pode criar coisas materiais, que no entanto podem não estar em equilíbrio com as qualidades das dimensões mais altas, como o amor, a confiança e o serviço.

O enfoque nas coisas materiais costuma dissimular um sentimento de vazio. Como se não bastasse, essas coisas podem ser tiradas de você. Já as qualidades adquiridas permanecem, pois ao adquirir uma delas você eleva sua freqüência e acrescenta uma nota à sua série harmônica. Então você transmite a sua sintonia contendo aquela nota e automaticamente atrai para si mais do que desejava manifestar.

Quando você não estiver mais aqui, ninguém se interessará pela riqueza material que você acumulou. A busca das riquezas é considerada desperdício de energia. Contudo, as lições que você tiver aprendido administrando o dinheiro são avaliadas.

As qualidades que você obteve durante uma vida são a sua riqueza e permanecem todo o tempo na vibração de sua alma.

Na terceira dimensão, a manifestação requer clareza quanto ao seu objetivo, quanto ao enfoque de sua mente, às suas emoções e força de vontade, além da ação para fazê-las acontecer. É essencial fazer alguma coisa.

Em grandes civilizações, como a de Atlântida, onde as vibrações eram muito mais altas, bastava tão-somente manter a mente, a vontade e a energia emocional concentradas num objetivo para que ele se manifestasse. Nenhuma outra ação era necessária. Muitos trabalhadores da luz estão se lembrando disso e deixando de agir para trazer suas visões para a realidade.

Quanto mais alto elevamos nossas vibrações, menos necessária se torna a ação. Na quinta dimensão, a vontade, o pensamento e as emoções por si mesmos bastam para manifestar.

9

Discernimento

Todos os trabalhadores da luz e aqueles que desejam seguir o caminho para a Ascensão têm sempre de ouvir sua própria intuição. A intuição não vem só em lampejos de conhecimento, mas também em sensações de entusiasmo e excitação, num sentimento de retidão. Os Mestres jamais confiam em conselhos vindos de fora, mas sim somente na intuição.

Sabemos instintivamente que a energia de uma pessoa ou situação existe ainda que não nos seja muito possível colocar nosso dedo sobre ela. A primeira impressão, antes de nosso pensamento racional assumir o comando, é muito freqüentemente a certa. Se você sente que as coisas estão muito rápidas para você, peça um tempo. Se o sentimento que lhe vem lá das entranhas é o de que algo não está certo, verifique-o. As pessoas me dizem muitas vezes, "A única coisa que eu sabia é que eles estavam lá, mas de qualquer maneira fiz o que eles queriam". Confie em sua voz interior ou agüente as conseqüências.

Como virginiana que sou, a discriminação e o discernimento são as lições principais que tenho recebido na minha vida. Olho para trás, entre alguma estupefação e risos, para algumas das escolhas que fiz sem seguir minha intuição.

Há muitos anos, quando ainda ninguém ouvira falar de Reiki, eu fiquei tão desconcertada ao encontrar um mestre de Reiki que afirmava ser um encanador faz-tudo, que o contratei para fazer um novo banheiro em minha casa; isso, apenas por ele ser um mestre de Reiki, razão pela qual deveria ter uma boa energia. Por acaso considerei o fato de ele estar vivendo do seguro-desemprego sem a intenção de trabalhar (um karma muito ruim), o fato de que havia abandonado a mulher e o filho pequeno sem nenhum amparo emocional ou financeiro? Não. Por acaso levei em conta o que ele me disse sobre haver pago barato pelo seu curso de formação em Reiki, já que estava vivendo do seguro-desemprego? Não. Verifiquei suas credenciais como construtor ou encanador? Não. "Como é fantástico ter um mestre de Reiki para fazer meu banheiro", pensei.

Paguei o karma por essa falta de discernimento com semanas de problemas. Ele tirou a banheira antiga e a deixou encostada na escada durante seis semanas. Quando finalmente chegou para tirá-la de lá, após eu ter de lhe telefonar um sem-número de vezes, ele disse: "Não é de estranhar que a banheira ficou entalada aqui. Sinto que há uma energia ruim neste ponto da casa." Recobrando os sentidos, ainda pude observar que a energia ruim era o resultado da frustração que todos sentíamos ao ter de nos espremer para passar pela banheira junto à escada.

Se eu tivesse usado o discernimento, teria seguido meu instinto original e encontrado um encanador decente.

Não há nada errado em discriminar quem você convida para entrar em sua casa ou em sua vida. Discriminação não é julgar ninguém. Você gostaria de ter um ladrão como amigo? Você pode respeitar as pessoas em seus devidos caminhos e ainda assim decidir que não deseja estar ligado à sua energia.

Muitos trabalhadores da luz sentem como se estivessem julgando cada vez que dizem "não". É muito freqüente que terapeutas e agentes de cura não possam se recusar a ajudar quem quer que venha até eles; por isso, ficam prostrados pela energia pesada daqueles que vêm sugar sua luz.

Toda energia tem uma vibração. Não está ao seu alcance distinguir a energia dos que estão à sua volta e então diferenciar as pessoas que você deseja ter em sua vida e daquelas com quem você tem de trabalhar ou tratar.

Seitas, religiões e a maior parte dos governos ditam o que as pessoas fazem ou pensam. Controles e limitações assim tão rígidos desencorajam as pessoas. Um grupo de mulheres guerreiras foi levado a encarnar, estando elas preparadas para sacrificar-se pelo que acreditavam ser permitido às mulheres na Inglaterra propor. Aquelas mulheres sabiam o que era certo para elas e estavam preparadas para agir, não importando as conseqüências.

Um Mestre tem de ser independente e tomar suas próprias decisões. Não podemos assumir o comando antes de decidir o que é certo para nós.

Esse é o perigo das seitas e religiões. Quando deixamos alguém nos dizer em que devemos acreditar ou o que devemos fazer, viramos fantoches. Os suicídios em massa de jovens membros de seitas são tragédias que têm ocupado as primeiras páginas dos jornais nos últimos anos e resultam de indivíduos que transferem seu poder para uma pessoa sombria, e com isso quero dizer, separada de Deus. Guerras foram desencadeadas, assassinatos e torturas foram perpetrados mais em nome da religião do que por qualquer outra coisa. Em todos esses casos, os líderes trabalham para as trevas, e seus seguidores não usam o discernimento.

As religiões também podem ser fonte de grande bondade, luz e espiritualidade.

Há um sem-número de caminhos para o topo de uma montanha, e há muitas montanhas que podemos decidir escalar. Para além de todas as montanhas estão o Sol, a Lua, as estrelas, os céus, e é isso o que objetivamos.

Jesus disse que "há somente um caminho", querendo dizer que o único meio de retornar à Fonte é por meio da consciência cristã. Isso quer dizer, abrindo seu coração e vivendo no amor e na aceitação incondicional de toda a humanidade. A consciência crística é o caminho. Não há como ascender sem viver na consciência de Cristo. Todo o conhecimento intelectual do mundo será inútil se não estivermos com o coração aberto.

Para se tornar um Mestre plenamente ascensionado você tem de se tornar um Buda plenamente iluminado, a energia da mente, bem como um Cristo, a energia do coração. O amor e a sabedoria são energias irmãs.

Se crianças e adultos tivessem permissão para dizer suas verdades e aprendessem a seguir sua intuição, então, respeitados por agir assim, não haveria guerra. Hitler jamais teria chegado ao poder. As pessoas que seguem sua orientação interior tornam-se pacíficas, felizes e realizadas.

Estamos todos sendo bombardeados com informações e canalizados por todos os tipos de fontes. Algumas pessoas tendem a ler ou ouvi-las todas e a acreditar em todas. Isso pode gerar uma incrível confusão. Nem todos trazem informações das fontes mais elevadas, e cabe a nós usar nossos poderes de discriminação para assimilar só o que intuitivamente sentimos ser o correto para nós. As trevas não apenas nutrem informações falsas ou imprecisas por canais menos do que puros. Freqüentemente chegarão a distorcer a verdade de maneira muito sutil, e isso conduzirá à confusão e à dúvida que elas desejam. Tendo em mente que ninguém pode ser totalmente puro estando num corpo, então, com as melhores intenções do mundo, toda canalização é distorcida pela nossa própria programação.

Não se deixe influenciar pela perspectiva de outra pessoa. Pare de pensar que o outro tem sempre de saber o que é certo melhor do que você. Ainda que alguém diga estar canalizando a Fonte, ou Jesus Cristo, ou um poderoso Arcanjo, ainda que tenha dois bacharelados, que tenha conversado com alienígenas, escrito uma dúzia de livros, ministrado *workshops*, aparecido na mídia, se não sentir com sua intuição que o que diz é o certo para você, deixe para lá.

Qualquer professor da Luz dirá, "Se o que digo exerce uma vibração em você, aceite-o. É para você. Se não exercer nenhuma vibração, deixe para lá. Não é para você". Se meses ou mesmo anos depois vier a vibrar, *então* será o correto para você.

Ninguém tem o direito de dizer "Isto é a verdade", pois ninguém em seu corpo humano pode ter a visão do todo.

Considere também que todos os canais podem estar certos a partir de sua própria perspectiva. Imagine uma enorme travessa com frutas. Observando-a de um ângulo, você pode ver apenas bananas, maçãs e cerejas. De outro, você poderá ver ameixas, peras e bananas. De cima, as pequenas cerejas de um dos lados poderão estar ocultas. Cada pessoa descrevendo o que vê estará correta, e ainda assim nenhuma delas terá a visão do todo.

Como trabalhador da luz, você foi treinado antes de chegar à Terra. Você tem conhecimento e sabedoria incríveis armazenados dentro de você. Abra-se para o que você é e confie absolutamente em sua intuição.

Algumas das entidades que tentam se comunicar são travessas ou "encostos". Muitas passaram pelo mundo físico, mas não evoluíram. Se não tiverem escrúpulos nem entendimento, podem surgir inesperadamente e dar informações ou orientações desencaminhadoras ou mesmo más. Se você não confiava no Tio Charlie quando ele estava encarnado, você deveria confiar nele agora, só porque está morto? Se ele quiser, pode até dizer que é um Anjo de Luz ou um guia elevado. É você quem deve discernir se a energia da comunicação é certa.

Seu objetivo é ligar-se a um Ser de Luz que esteja num nível mais alto do que a sua Mônada ou pelo menos do que seu Eu Superior. Se ele não estiver, seria melhor você ouvir a sua própria orientação Superior.

Em nosso planeta de livre-arbítrio, onde há luz há também trevas. Assim, para cada Anjo de Luz comunicando-se com você, pode haver um anjo das trevas. Para cada guia da luz pura trabalhando com você, há uma contrapartida nas trevas. Cabe a você discernir ou discriminar.

Devido a essa situação de dualidade na Terra, uma das leis espirituais que governam nosso planeta é a Lei do Desafio. Ela afirma que se desafiarmos qualquer ser ou entidade três vezes em nome de Deus e de tudo o que é Luz, a entidade tem de se identificar com sinceridade ou então partir.

Os Seres de Luz mais elevados recebem bem os desafios. Significa que estamos sendo conscientes em nossos esforços para discriminar.

Se você tem alguma dúvida sobre de onde vem o seu guia, diga ou pense: "Em nome de Deus e de tudo o que é Luz, por acaso você é........?" Espere por uma resposta. Se a resposta for "Sim", repita o desafio mais duas vezes, e em cada uma delas espere pela resposta.

Nunca tive essa experiência — mas se a resposta for "Sou", ouça muito cuidadosamente se ele não acrescenta baixinho "Não". Melhor é pedir por uma resposta sim/não.

Se tiver recebido a resposta e desejar seguir em frente com a comunicação, é importante perguntar qual a proposta e intenção do(s) ser(es) ao entrar em contato com você. Em caso de qualquer dúvida, durante a canalização ou ligação, pare e desafie novamente.

Depois, relaxe e desfrute do processo de comunicação com uma energia mais alta, aceitando sempre só o que sentir intuitivamente como o certo para você.

10

Proteção

Quando você está trilhando um caminho espiritual, você é como uma pessoa carregando uma lamparina, caminhando ao longo de uma passagem que se abre. As boas novas são que a luz da lamparina mostra o caminho para você e ilumina o dos outros. O ponto negativo é que você fica visível e vulnerável. Qualquer pessoa com uma intenção inferior, que não queira que você espalhe luz ou que queira parte de sua energia, sabe onde você está.

Muitos, incluindo governantes e religiosos, investem em deixar as pessoas com medo e confusas. Regimes e indivíduos autoritários estão eles próprios com medo. Controlam e ditam a partir do medo, da necessidade e da ganância. Alimentam-se do medo e da confusão dos que são controlados por eles, e isso lhes dá uma sensação de poder. A última coisa que desejam é que os indivíduos se sintam relaxados, esclarecidos e independentes.

No entanto, a nova Idade de Ouro começa a alvorecer, e não tardará para que se esfacelem as fachadas dos antigos costumes. Com a chegada da energia de cooperação, as pessoas não encontrarão mais satisfação em competir ou em prejudicar alguém. A vida se tornará um esforço em equipe. Todos ajudarão o outro a revelar o que ele tiver de melhor, e com isso todos ganharão. Todavia, até que cada um tenha as mais altas intenções para com seu próximo, precisamos de proteção.

Sempre acreditei que a melhor proteção é um coração aberto. Acontece que somos seres físicos, emocionais, mentais e espirituais, e qualquer desarmonia em qualquer desses quatro corpos nos fará vulneráveis, de modo que as trevas e a confusão poderão entrar.

Quando somos física, emocional, mental e espiritualmente fortes, tornamo-nos invencíveis.

As trevas consistem em alguma vibração pesada como o medo, o ciúme, a inveja, a raiva ou a depressão. Quando pensamentos e emoções rancorosos, malévolos, críticos ou raivosos são dirigidos a você, podem penetrar suas áreas fracas ou vulneráveis como flechas. Servem muitas vezes para liqüidar com sua clareza e torná-lo confuso. É quando você fica em dúvida. Você não pode ser um Mestre e tampouco avançar no caminho espiritual.

A técnica do espelho é muito eficaz. Uma pessoa que o ataca com maus pensamentos pode fazê-lo sentir-se ansioso e doente sem que você nem ao menos saiba o porquê. Arme um espelho com a face voltada para essa pessoa, fazendo os mísseis retornar à sua origem.

Fui vítima de um ataque psíquico negativo de alguém que queria apagar a minha luz. Ele estava me atacando conscientemente com seus pensamentos e com sua energia. Armei um espelho entre nós, com a face voltada para ele, enquanto ao mesmo tempo uma amiga minha lhe enviava amor. O ataque parou. Perguntei o que havia sido mais eficaz, e foi-me dito que o espelho o havia parado. Kumeka disse-me que o homem inconscientemente visualizara seu próprio lado sombrio no espelho e ficara chocado. Então, se pessoas sombrias estiverem atacando você, imagine um espelho mandando de volta a sua energia. Você também pode lhes enviar luz. A luz contém a informação e o conhecimento espiritual que dissolverá as trevas.

Uma conhecida minha adoecia com muita freqüência. Kumeka contou-me que sua filha a odiava e que constantemente dirigia pensamentos negros para ela. A mulher não tinha consciência disso nem queria ter, acreditando que a filha a amava. Sem lhe contar que era sua filha que a estava atacando fisicamente, sugeri que ela erguesse um espelho para se proteger. Ela fez isso, e imediatamente se sentiu muito melhor.

Quando você está sem motivação, você fica vulnerável. A maior vulnerabilidade, contudo, é o medo. O velho provérbio que diz "Não há nada a temer a não ser o próprio medo" é uma verdade muito grande. Uma pessoa que fica sentada em casa aterrorizada, preocupada e ansiosa com tudo, é vulnerável aos próprios pensamentos e aos dos outros. Com uma mente fraca e facilmente influenciável, você fica sensitivamente receptivo, sendo um alvo estático para problemas.

Não há como derrotar as pessoas que têm mentes fortes, calmas, relaxadas e felizes. Quando você está dançando, rindo e se divertindo, você se transforma em fonte de desespero para qualquer pessoa que queira atacá-lo fisicamente. Eles não conseguem "brecar" você.

Se você se dedica a trilhar o caminho da Ascensão, é importante esvaziar-se. Certifique-se de estar fisicamente forte e saudável, seguindo as leis físicas que prescrevem boa alimentação, ar puro e exercício, descanso e relaxamento.

Emoções suprimidas ou negadas bloqueiam os chakras, enquanto sentimentos selvagens e fora de controle deixam você aberto e em desequilíbrio. O objetivo é fluir emocionalmente respeitando seus sentimentos e expressando-os à medida que você os sente. Isso mantém puro o seu corpo emocional.

Seu corpo mental reflete suas formas e padrões de pensamento. Desse modo, é possível aos Mestres observar seus pensamentos, se necessário buscando as convicções subjacentes e removendo-as.

A maior proteção é a serenidade. Você está em harmonia com o seu espírito? Você se sente satisfeito e realizado na vida? Você tem tempo para relaxar e desfrutar da beleza do mundo que o cerca? Você é feliz por estar na Terra? Para ascender, temos de ser capazes de relaxar e desfrutar do fluxo.

Uma cliente que eu conhecia muito bem, chamada Jenny, perseguia vigorosamente o crescimento espiritual, tendo se libertado de um grande número de obstáculos que lhe bloqueavam a aura. Contudo, sua garganta estava sempre vulnerável a infecções, e muitas vezes ela não conseguia falar quando precisava. Começou a perceber que se sentava com a mão na boca, como se tivesse um impedimento físico à fala.

Ela queria investigar e curar a origem desse bloqueio, e por isso permitiu-se relaxar rápida e facilmente num transe de luz, onde poderia ter acesso às lembranças que precisava observar. Ela resvalou para uma vida passada, na qual fora um homem à frente de um exército. Como comandante, conduzira todas as pessoas que acreditavam em seus altos ensinamentos a um massacre. Pego com vida, foi escarnecido e ridicularizado por seus captores, até que começou a duvidar de suas próprias verdades. Após definhar na prisão, a libertação lhe foi oferecida em forma de veneno. Jenny, revivendo a experiência como aquele homem, contorcia-se em dores à medida que o veneno lhe queimava o fundo da garganta.

Ela tinha consciência de que todos os que a seguiram naquela vida eram agora membros de sua família, e percebeu que se abstinha de falar com medo de que isso os conduzisse a um desastre.

À medida que adquiria consciência, eu podia ver uma energia negra que parecia um ouriço espinhento em torno da garganta. Anjos apareciam e o golpeavam até ele se tornar uma bola dourada de sabedoria. Um dos anjos disse-lhe: "Agora você pode falar com sabedoria."

Quando estamos prontos para olhar os bloqueios de nossa aura e nos libertarmos deles, isso apressa nosso caminho em direção à Ascensão. Jenny não ficará mais tão vulnerável em seu chakra da garganta.

Como nada acontece por acaso, enquanto estou escrevendo este capítulo recebo o telefonema de uma amiga, a quem chamarei de Heather. Ela está em processo de separação do marido, que está voltando para seu país. Não é de estranhar que ela esteja se sentindo muito mal e deslocada, e que tenha decidido ficar com ele por uma semana logo após a separação, pensando que isso pudesse ajudar.

Heather disse: "Acabo de receber uma ligação de Jean, minha amiga que é uma terapeuta sensitiva, e ela disse ter captado que meu marido está sendo usado pelas forças das trevas para atacar-me fisicamente. Como pode ser isso, e o que posso fazer?"

Heather é terapeuta e trabalhadora da luz, mas como todos nós ela tem seus próprios problemas para resolver. Seu marido, embora seja bastante encantador, está muito bravo com ela. Tenho certeza de que ele emite para ela os pensamentos rancorosos que as forças das trevas estão lhe inculcando. Essa corrente sombria de energia canalizada por seu marido penetra a sua aura por alguma fenda. Se ela não fosse uma trabalhadora da luz, as trevas não estariam interessadas em tentar parar seu trabalho.

Sugeri que ela invocasse regularmente o raio dourado de Cristo e desse início a um processo completo de purificação. Quando se purificar a si mesma e a sua casa, ela ficará inexpugnável. Lembrei-a de que, em última análise, as trevas estão servindo ao mais alto propósito que ela pode ter, forçando-a a se proteger e a se purificar.

Disse-lhe também que levasse em conta o fato de as trevas estarem se ligando aos pensamentos de seu marido, o que pode causar sua ruína enquanto ele a estiver focalizando. Estando separados, os pensamentos dele estarão menos dirigidos a ela, o que reduz o impacto da energia sombria. Se ela o visitar, é provável que os ódios antigos voltem à tona e, a não ser que ela esteja purificada e protegida, eles penetrarão novamente em sua aura. Ela decidiu não visitá-lo até se sentir mais forte.

Aqui estão algumas proteções eficazes. Lembre-se de que uma proteção só é eficaz se você acreditar nela. Se você acredita que sua proteção é 100%, então ela será 100%.

O manto azul

O azul-escuro é uma cor bastante protetora, a cor do Arcanjo Miguel, que é o protetor. Com sua imaginação, desenhe sua aura e então coloque um manto azul-escuro sobre ela. Puxe o capuz até a cabeça e feche o manto dos pés até o queixo. Sinta-se e saiba-se completamente protegido.

O ovo dourado

Peça aos anjos que o envolvam num ovo de luz dourada. Faça dele um espesso aro de energia dourada. Então visualize-os ou veja-os colocando uma energia azul-escura em volta dele. Por fim, e isto vale especialmente para os que trabalham com pessoas e captam seus problemas com freqüência, posicione uma cor violeta à sua volta, na parte de fora, e isso o manterá a salvo das energias negativas de outras pessoas.

O raio dourado de Cristo

Uma das energias mais poderosas e protetoras é o raio dourado de Cristo. Ele tem de ser invocado três vezes. Você mesmo pode chamá-lo, ou então peça à sua Mônada ou à poderosa Presença do EU SOU que o invoquem. Acrescente "Está feito".

Por exemplo: "Agora peço à minha Mônada que invoque o raio dourado de Cristo, para a minha total proteção." Diga isso três vezes, e depois acrescente "Está feito".

Um tubo de luz

Invoque um tubo de luz a partir de sua poderosa presença EU SOU para que ele o proteja durante o dia todo. Peça que ele permaneça intacto e que seja divinamente carregado, de modo que nada, a não ser a luz de Deus e de Cristo, possa passar através dele. Você também pode pedir que a Luz Divina transmute todas as condições negativas que estiverem junto de você em positivas.

Seu anjo

Peça sempre a seu anjo para protegê-lo. Pedindo isso, você fortalece o vínculo entre vocês.

11

Ao Encontro de sua Missão

Seu propósito mais elevado, isto é, seu caminho de vida, é o que lhe dá um enorme sentimento de alegria e satisfação. Sentindo-se entusiasmado, vivo e inspirado, você está em seu caminho. Assim, você cumpre seu objetivo quando faz algo que lhe confere grande sentimento de realização *e* não está preparado para menos do que isso.

Há outros indícios da sua missão.

Almas menos evoluídas têm muitos caminhos a escolher. Há sempre mais escolinhas infantis do que oportunidades para doutorados. A alma evoluída preparará e escolherá sua missão com muito cuidado e estará pronta a esperar pelo tempo e pelas circunstâncias certas.

Isso significa que antes de encarnar você buscará a data e o local de nascimento, bem como os pais que lhe podem oferecer as oportunidades e as lições mais importantes.

A astrologia pode lhe fornecer um grande número de informações sobre o caminho de vida que você escolheu. Um bom astrólogo pode lhe revelar tanto sobre suas vidas passadas como sobre o seu destino. Em termos mais simples, como você se sente com o seu signo particular de nascimento? Se você nunca pensou nisso, pense agora. Como você se sente quanto ao lugar em que você nasceu? Como você se sente em seu aniversário?

Cada signo solar traz consigo uma lição:

- Signos de fogo — Áries, Leão e Sagitário: dar aos outros o amor divino, expansivo e que tudo abarca.
- Signos de terra — Touro, Virgem e Capricórnio: manter os pés no chão e prestar serviços aos outros.
- Signos de ar — Gêmeos, Libra e Aquário: adotar a fraternidade. Todo mundo é um irmão ou uma irmã.
- Signos de água — Câncer, Escorpião, Peixes: agarrar-se a seu centro de paz custe o que custar, para que suas linhas telegráficas ou telefônicas não estrilem com as emoções dos outros.

A numerologia é a ciência dos números. Cada número tem uma vibração e, do ponto de vista da numerologia, sua data de nascimento pode lhe dar informações sobre sua vida passada.*

Num nível espiritual, reconhecemos que a alma adventícia comunica a sua mãe ou a seu pai o nome que deseja receber. Cada letra do nome tem uma vibração, e assim o nome inteiro tem uma vibração. Vivemos num universo de vibração, onde semelhante atrai semelhante. Por isso, experiências e lições são atraídas para nós sempre que nosso nome é proferido.

Muitos escolhem ter um nome abreviado ou um apelido na infância, vindo a atrair a vibração inteira de suas lições somente na fase adulta. Quando criança, tive uma experiência bastante comum. Eu era chamada por uma forma abreviada do meu nome, mas os adultos usavam meu nome por inteiro quando queriam expressar descontentamento ou desaprovação. Para crianças sensíveis, essa prática dá a entender que a missão delas é difícil ou mesmo perigosa.

Se você não gosta de seu nome, isso não significa necessariamente que seus pais não tenham ouvido direito. Mais provavelmente, significa que você não gosta das lições que escolheu!

---

* Para mais informações sobre numerologia, ver *The Power of Inner Peace*, publicado nos Estados Unidos pela Piatkus.

Se você não vibra de acordo com o seu nome, é preciso compreender por que isso acontece. Se vibra, isso pode indicar que você se sente bem com aquilo que você é e com o seu destino.

Minhas duas filhas decidiram mudar seus nomes de batismo ao mesmo tempo. Seguindo a orientação que recebi, elas estavam querendo evitar suas lições naquele momento. Mais tarde, meu guia informou-me que minha filha mais velha, que adotou Dawn como seu segundo nome, estava exibindo agora um aspecto mais sensitivo e espiritual de seu destino.

Alguns conhecidos meus concluíram as lições que seus nomes traziam e, tão logo mudaram seus nomes, seus rumos de vida mudaram sutilmente. Quando uma mulher assume o nome do marido no casamento, uma nova vibração entra em sua vida.

Uma vez que as crianças estão muito mais próximas de sua energia anímica, nossas fantasias de infância freqüentemente nos dão a chave para a nossa missão. A criança que quer ser enfermeira pode estar expressando um desejo de servir ou curar. Aquela que anseia ser um alpinista pode bem se tornar um explorador ou pode ser a expressão de uma alma que deseja ser pioneira ou líder espiritual. O garotinho que pretende ser maquinista de trem pode estar reconhecendo um desejo de liderança e de comandar alguma coisa grande.

São nossos pais que nos lançam em nossa missão. Eles são os comandantes que nos põem em nosso caminho, ainda que nos abandonem ou abusem de nós. São escolhas de importância vital.

Você vem à Terra como ser de luz para aprender com as más qualidades de seus pais e superá-las, e para adotar as boas qualidades. Essa é uma parte importante de sua tarefa de vida.

Por exemplo, se um de seus pais foi fraco e lhe deu pouco apoio, sua tarefa é superar fraquezas e fortalecer-se até se tornar independente.

Pais críticos são indicadores de uma lição de valorização de si e dos outros. Pais muito presentes ou autoritários sugerem que parte de sua proposta seja aprender o equilíbrio. Pais teimosos, cabeçudos podem significar que você tem de aprender a tolerância, mas que também poderá desenvolver a tenacidade.

Pais abusivos indicam que sua grande missão é o amor incondicional. O abuso na infância pode às vezes ser usado como fundamento para o desenvolvimento de uma capacidade de cura, e é também um desafio para que a pessoa, por sua vez, não abuse dos outros. Algumas almas corajosas chegam mesmo a passar pelo abuso e pela negligência como testes de iniciação que lhes darão a experiência necessária para trazer à Luz outras pessoas que sofreram abusos.

Se seus pais foram ausentes ou desinteressados, eles o lançaram num caminho de motivação de si mesmo ou de fazer as coisas sozinho.

As qualidades maravilhosas de seus pais devem ser absorvidas por você e realçadas em você. Pais generosos ajudam-no a ser uma pessoa de coração aberto, enquanto os corajosos o ajudam a ser alguém forte. Se você escolheu pais calorosos, amorosos e que sempre dão apoio, você terá uma boa base para poder criar relações fortes que lhe darão apoio no seu caminho de vida.

Assim, seus pais o equiparam para a sua missão. Que tendências *você* tem de superar? Que qualidades de alma *você* está desenvolvendo?

Os maiores medos que você tem na vida são como dragões no seu caminho. Eles fazem com que você deixe de se mover para a frente e bloqueiam sua clareza. Mesmo que você consiga escapar deles tomando outra rota, você ainda terá de enfrentá-los algum dia! Lembre-se, o medo serve o amor. Sintonize-se com sua orientação e supere seus dragões.

Cada experiência que você teve até este momento da sua vida é uma preparação para o caminho à sua frente.

Se é maravilhoso saber que você veio com a missão de ser uma enfermeira, um agente de cura ou um chefe de indústria, ou para um propósito específico como atrair a atenção do mundo para a difícil situação dos golfinhos, não é estritamente necessário saber qual a sua missão. Limite-se a pedir todos os dias, durante a meditação, que lhe seja mostrado o próximo passo, e as portas estarão abertas até que seu destino se torne claro.

Exercícios

- Cante ou cantarole seu nome inteiro com amor. Faça-o em voz alta e ponha nisso toda a atenção que lhe for possível.
- Cante ou cantarole seu nome completo com amor enquanto fita seus olhos num espelho.
- Melhor ainda, deixe alguém cantar ou cantarolar seu nome com amor para você. Mantenha contato visual e permita-se ficar tão receptivo quanto possível.

12

A Mônada

No começo era o Om, o som da criação, que foi traduzido como o verbo. Cada cultura tem o seu mito da criação próprio e extraordinariamente semelhante, e cada mito contém a essência da verdade.

É assim que entendo a história da criação. O Criador é puro Amor e Luz, onipotente e completamente sábio. Não há como testar o puro Amor e a Luz. Você não pode praticar o amor incondicional, por exemplo, quando está rodeado de pessoas incondicionalmente amorosas. É fácil demais. Não há teste, e você não pode crescer sem encarar desafios. A Luz não pode se comparar sem as trevas. Foi assim que o Criador quis expandir e viver a experiência.

Ele criou doze universos e emitiu bilhões de centelhas de Sua energia, cada uma com uma missão especial, a fim de viver a experiência. Essas centelhas originais são chamadas Mônadas. São de um brilho e de uma luz incrível, de uma maravilhosa vibração de amor. O plano é o de que essas Mônadas retornem à Divindade quando sua missão tiver sido cumprida, como filhos que retornam à casa dos pais para compartilhar sabedoria e experiências e assim enriquecer a família.

Contudo, as Mônadas necessitavam, por sua vez, experimentar e crescer a fim de cumprir suas missões, de modo que cada uma delas enviou 12 almas. Nós as conhecemos como nossa alma ou Eu Superior. Então as almas decidiram expandir-se e viver a experiência, cada qual emitindo 12 extensões, reduzindo a vibração, de modo que a matéria densa pudesse ser vivenciada. Você é uma dessas 12 extensões.

Isso significa que, por exemplo, um aspecto de sua alma pode estar em Saturno, outro em Vênus, um par deles nas Plêiades. Algo de sua energia total pode estar repousando no fundo da alma ou estar entre encarnações, mas todos vocês estão fisicamente ligados.

Algumas almas decidiram até mesmo enviar emissários à zona de livre-arbítrio dos universos para experimentar matéria física densa, e isso significou esquecer suas origens — um empreendimento realmente assustador e perigoso, com grandes penalidades em caso de falha e maravilhosas recompensas em caso de êxito. Isso significava enviar extensões ou aspectos da alma para a Terra. Muitos chegaram aqui e ficaram encravados cada vez mais numa densidade profunda. Alguns reencarnaram milhares de vezes num esforço de libertar-se das trevas, das quais se impregnaram profundamente.

Neste tempo de expansão, as mais iluminadas estão encarnando para ajudar no grande despertar. Algumas almas e Mônadas estão enviando muitas de suas personalidades para cá, de modo que pode haver agora outros aspectos de sua alma ou Mônada aqui na Terra. Certamente tenho encontrado outros companheiros de minha alma, que escolheram encarnar aqui neste período especial para ajudar na grande mudança de consciência que está ocorrendo. Também sirvo de canal muito freqüentemente para Shaaron, que é da mesma Mônada. Ela é uma prima espiritual.

Você tem 11 irmãos ou irmãs de alma em algum lugar nas galáxias, aos quais você está intimamente ligado, ao passo que há 144 extensões de você vindos todos de sua Mônada. A notícia ruim é que, estando vocês fisicamente ligados, um ou mais podem estar atraindo sua energia. A boa nova é que vocês podem se ajudar e se apoiar.

Há alguns anos, quando eu nada compreendia dessas coisas, eu estava assistindo a uma conferência. Uma mulher no auditório disse que estava sempre cansada e não sabia o porquê. O orador sintonizou-se com ela e disse que outro aspecto da alma dessa mulher estava tomando-lhe a energia e que, embora isso fosse normalmente inaceitável, nesse caso ela havia concordado, num nível mais alto, em oferecer sua energia para ajudar sua alma irmã. A mulher aceitou essa explicação sem questionar e compreendeu que naquela fase sua energia estava sendo oferecida a outrem.

Normalmente não se aceita que alguém use sua energia, pois isso é uma forma de co-dependência. Se você suspeita de que alguém está puxando sua energia, antes de dormir diga-lhe de maneira firme, embora polida, que você o respeita e ama, mas que sua energia é para você e que você não permitirá mais que ele ou ela a tome. Certa vez, quando fiquei sabendo que um aspecto da minha alma estava tomando minha energia, rompi o cordão e disse telepaticamente a essa pessoa que ela não poderia mais ter minha energia. Passei então a sentirme muito melhor.

Quando você passa por sua terceira iniciação — e pode bem já o ter feito se estiver lendo este livro — você se liga à sua alma ou Eu Superior. É então guiado por sua Mônada e passa a trabalhar numa vibração muito mais alta. Na quarta iniciação, você se funde com a sua Mônada.

A Mônada é por vezes conhecida como Presença do EU SOU ou Pai Celeste.

A quinta dimensão é a dimensão do amor, da igualdade e da cooperação. O grupo de alma ao qual você pertence ascende junto, razão pela qual você não pode ascender até que todos os outros estejam prontos. A ascensão não diz respeito a indivíduos que estão avançando. São famílias (membros de sua Mônada) e grupos de almas (grupos de pessoas de vibração semelhante) movendo-se em conjunto para a frente. Não sabemos quem é do nosso grupo de alma, de modo que aquela pessoa que desprezamos ou de quem não gostamos pode ser a chave para todo o nosso movimento para a frente. Ajude e aceite todos sem restrição. Em muitos casos, uma pessoa de vibração mais alta levará voluntariamente todo um grupo a subir a escada ascensional. Cooperação é o nome do jogo para a Ascensão.

13

Chakras Quadridimensionais

Os chakras são centros de energia espiritual, dos quais há sete principais no corpo. A finalidade dos chakras é captar e transmutar energia.

Na terceira dimensão, os sete chakras têm as cores do arco-íris, que, quando giram em perfeita sintonia, formam a luz branca.

Os chakras tridimensionais

- *O primeiro chakra*, o centro da base, é vermelho e monitora nossa sobrevivência física e material. Ajuda-nos a agir e a fazer as coisas. Nossa força vital ou energia *kundalini* está armazenada ali.
- *O segundo chakra*, o centro sacral, é alaranjado, a cor da sociabilidade e da amizade. Ele é nosso centro emocional e sexual e está ligado às crenças do inconsciente coletivo sobre a sexualidade. Esse é o chakra da clarissensitividade, que é a capacidade sensitiva de captar a dor do outro e atraí-la para o nosso corpo para transmutá-la. A maioria de nós já experimentou isso ao conversar com um amigo que está com dor de cabeça. Ouvimos seus problemas e ele vai embora sentindo-se bem, ao passo que nós voltamos para casa com dor de cabeça. Pode-se captar também problemas mais profundos.
- *O terceiro chakra*, o plexo solar, é amarelo. É a nossa área da coragem pessoal, da confiança e da força de vontade. Se queremos controlar os outros, é esse o chakra que usamos para fazê-lo. Se sentimos medo, esse centro adquire uma coloração verde-amarelada ou

hepática. Quanto mais confiantes, independentes e sábios somos, mais profundo é o amarelo. É desse chakra que constantemente enviamos sensores para verificar se estamos seguros, por exemplo, quando estamos dirigindo um carro. Se sentimos que os que amamos estão com problemas ou em perigo, nossa antena do plexo solar estende-se em busca de informação. A maioria de nós traz, nesse lugar, temores da infância ou de vidas passadas. Nesse caso, nosso plexo solar ficará tenso se alguém com medo ou raiva parecidos se aproximar de nós.

- ***O quarto chakra***, o centro do coração, é verde com um centro cor-de-rosa. Se nos atemos a antigas rejeições, esse chakra se fecha. Quando o centro do coração se abre com compaixão, amor e empatia, começamos a nos transformar em agentes de cura, e outras pessoas sentem-se muito seguras e envolvidas com nossa presença.
- ***O quinto chakra***, o centro da garganta, é turquesa. É o chakra da comunicação e o que fala honestamente como nos sentimos e sobre o que acreditamos verdadeiramente. Quando temos medo de falar ou queremos agradar os outros, bloqueamos esse centro. Um bloqueio nesse chakra pode se manifestar como uma amigdalite. Uma dor no pescoço pode significar literalmente que alguém está nos dando um nó na garganta, sem que ousemos lhe dizer como nos sentimos. Num nível sensitivo, quando o quinto chakra está aberto, somos telepáticos, captamos impressões psíquicas e ouvimos nossa orientação interior.
- ***O sexto chakra***, o terceiro olho, é de um azul-índigo escuro. Quando nosso terceiro olho está aberto, somos clarividentes e sensitivos, havendo um incremento em nossa capacidade de curar.
- ***O sétimo chakra***, o chakra da coroa, de cor violeta, é a ligação com nosso Eu Superior.
- ***O oitavo chakra***, por vezes chamado de sede da alma, é azul e branco e está relacionado ao espaço da aura. Por meio dele nos conectamos com nosso Eu Superior ou com a nossa alma para orientação. Está localizado acima da cabeça e, à medida que trazemos para baixo os chakras quadridimensionais, ele desce em direção à coroa, onde temporariamente se duplica com o chakra da coroa.

À medida que nos expandimos de seres tridimensionais para quadridimensionais, os primeiros sete chakras movem-se progressivamente para as pernas. Os chakras tridimensionais estão relacionados ao que é físico ou sólido. Nossos chakras quadridimensionais são tanto sólidos como luminosos. Ligam-nos tanto num nível pessoal como galáctico. Isso significa que quando nossos chakras quadridimensionais estão abertos, temos a oportunidade de realizar comunicação e trabalho intergaláctico. Os chakras pentadimensionais são pura luz.

Quando os primeiros sete chakras movem-se em direção às pernas, os sete seguintes descem um a um para assumir o seu lugar (o nono chakra muda-se para baixo em direção à base, etc.). Deslocamo-nos então para a quarta dimensão, e nosso eu pessoal funde-se com a alma.

Quando o quinto chakra se duplica com o oitavo, assumimos a orientação e a instrução de nossa Mônada.

Os chakras quadridimensionais

- *O nono chakra*, no centro da base, é uma maravilhosa incandescência branco-perolada. É o chakra da alegria e, quando começa a se abrir, ele incendeia a luz que está nas células do corpo. Quando deitamos raízes na alegria e no deleite em vez de na sobrevivência, nossa atitude toda se torna de confiança e delicadeza. Resplandecemos com a luz.

  Num nível galáctico, esse chakra leva-nos para fora da atmosfera da Terra. A partir daí, voltamos a nos conectar com ela, tornando-nos um de seus guardiães. Somos seres realmente responsáveis.
- *O décimo chakra*, no centro sacral, é de um laranja-róseo luminoso. À medida que nossas energias masculina e feminina se equilibram uma com a outra, esse chakra começa a se abrir, mantendo-nos num estado de sintonia com a alma.

Imagine uma cena ultrapassada, em que homem e mulher tenham papéis estritos e opostos. A mulher é criativa, intuitiva e artística. Ela ama, alimenta o homem e cuida dele. Em compensação, o homem a sustenta e protege. Ele transforma todas as inspirações da mulher em idéias e age, assegurando que as coisas sejam feitas. Ele fornece e ela recebe.

Tire homem e mulher desse quadro e chame-os de energia masculina e feminina ou de yang e yin, o que é menos confuso. Reconheça então que essas energias se destinam a trabalhar internamente, em perfeito equilíbrio e apoio. Nosso espelho interior se reflete externamente.

Tem-se um perfeito equilíbrio quando nosso lado yin surge com idéias e intuições criativas, que são sustentadas e ativadas para nós pelo lado yang. Enquanto nossa energia yang nos protege, delibera e age de maneira lógica, nosso lado yin alimenta-nos, cuida de nós e nos conforta.

Será útil verificar o quanto estamos equilibrados.

Queira por favor reservar um tempo para refletir sobre as seguintes questões:

- Como são suas relações com os homens em sua vida? Pai, irmãos, tios, chefes do sexo masculino, amigos homens?
- Como homem, como se sente quanto às expectativas depositadas em você para permanecer forte e ainda criar e cuidar? Como se sente sendo aquele que sustenta?
- Como mulher, como se sente quanto às expectativas de manter um emprego sendo ao mesmo tempo esposa e mãe?
- O mundo exterior e o mundo do trabalho são representados pela energia masculina. Qual é sua atitude perante esses mundos?
- Como você se relaciona com dinheiro, poder e política?
- Como você dá?
- Você é autoritário, controlador, afirmativo, dominador?
- Você pensa muito? Você é intelectualizado? Você racionaliza, analisa e compartimentaliza tudo?
- Você tem medo do futuro ou joga-se nele de cabeça?
- O lado direito de seu corpo está relaxado e forte, ou é fraco, combalido ou tenso? (Nosso lado yang é governado pelo hemisfério es-

querdo do cérebro, que é intelectualizado, controlador e expansivo — quaisquer problemas refletem-se fisicamente no lado direito do corpo.)

- Como são suas relações com as mulheres em sua vida? Mãe, irmãs, tias, chefes do sexo feminino, amigas?
- Como mulher, como você se sente expressando carinho e cuidado nos negócios?
- Como homem, como você se sente mostrando o seu lado vulnerável, que cria e cultiva?
- Como você se sente ao nutrir e curar os outros? Você pode ser carinhoso, compassivo e sábio?
- Você valoriza sua intuição? Você deixa fluir o seu lado criativo e artístico?
- Você é capaz de ouvir? Você pode pedir ajuda? Como você recebe?
- Você se prende ao passado, ou o nega?
- O lado esquerdo de seu corpo está relaxado e forte ou está fraco, combalido ou tenso? (O seu lado yin é governado pelo hemisfério cerebral direito, que é criativo, intuitivo e cultivador — quaisquer problemas refletem-se fisicamente no lado esquerdo do corpo.)

A ativação do décimo chakra nos torna capazes de alcançar o sistema solar, fazendo com que possamos ter acesso à informação, emitir luz e amor e participar mais plenamente da cura do planeta.

- ***O décimo primeiro chakra***, no plexo solar, é ouro puro, reluzente e brilhante. O ouro é a cor da sabedoria. Significa confiança e poder. No nível tridimensional, o plexo solar amarelo é um chakra sensitivo que incessantemente capta vibrações de pessoas e de situações à nossa volta. Se temos junto a ele medos não-resolvidos desta vida ou de vidas passadas — e a maioria de nós os tem —, medos externos ou emoções negativas se incorporarão ao nosso plexo solar e farão com que nos sintamos tensos e pouco à vontade. Quando o chakra dourado quadridimensional se abre, ele deixa de segurar esses bloqueios aos quais se atam medos exteriores. As ondas vibratórias passam diretamente através dos chakras fazendo com que nos sintamos relaxados, calmos e sábios, independentemente das circunstâncias exteriores.

O décimo primeiro chakra é um chakra galáctico. À medida que ele desce e se abre, torna-se importante meditar em grupo para se ligar a outras galáxias.

- *O décimo segundo chakra*, no centro do coração, é de um rosa-violáceo pálido e etéreo. É a espiritualização total da energia do coração e abre-se à medida que adentramos a iluminação. A consciência crística está ancorada aqui; assim, à medida que ele se abre, vivemos no amor incondicional, e os chakras cardíacos dos que estão à nossa volta abrem-se automaticamente.

A Era de Aquário é viver na consciência crística.

Este chakra une-nos ao resto do universo. Não tenho informação sobre a importância cósmica dos chakras mais elevados.

- *O décimo terceiro chakra*, no centro da garganta, é de um violeta escuro. Quando desce e se abre, energias psíquicas e espirituais muito mais altas tornam-se disponíveis para nós. Abrimos nossos canais curativos e somos capazes de curar estados mentais e físicos das outras pessoas. Abrimo-nos para muitos dons psíquicos e somos capazes de trabalhar com as Leis de Materialização e Desmaterialização, usando tanto nosso pensamento quanto nosso poder. Podemos agora nos comunicar com arcanjos e Seres Elevados. Há um enorme sentimento de força junto deste chakra.
- *O décimo quarto chakra*, no terceiro olho, é de um branco-dourado translúcido. Quando este chakra se abre, sua mente automaticamente se rende ao Plano Divino. Nossos pensamentos são de uma vibração mais alta e pura. Formamos verdadeiramente Um com a Vontade Divina. Podemos transmutar o karma de outras pessoas, passamos a estar abertos para os níveis mais altos de clarividência e profecia, e somos capazes de nos comunicar, nos planos interiores, com Mestres e guias mais elevados.

- *O décimo quinto chakra* é branco-violáceo. Quando ele desce em direção à coroa, fundimo-nos completamente com nossa alma, ou Eu Superior, e assumimos a orientação e instrução de nossa Mônada.

Para abrir nossos chakras quadridimensionais, temos de passar pela quarta iniciação. Para a maioria de nós, isso é como uma crucificação. Assim, se você passou por um período de crucificação em sua vida, o que pode bem ter acontecido é que aquele desafio foi a chama a queimar o resíduo do antigo, que o impedia de passar à quarta dimensão.

Fiquei sabendo que a quinta e a sexta iniciações são mais fáceis. É um processo de purificação e mais purificação, de preenchimento de si mesmo com luz e de oferecimento de si mesmo a serviço da humanidade — ou qualquer que seja seu caminho particular.

Os chakras pentadimensionais

Há sete chakras pentadimensionais — dos chakras 16 ao 22. Kumeka disse que agora eles estão chegando para todos. Sei muito pouco sobre eles.

- *O décimo sexto chakra* é platinado. Oferecemos serviços baseados numa sólida fundação espiritual.
- *O décimo sétimo chakra* é magenta e platinado. Ele se abre quando sentimos a verdadeira Unicidade com Tudo O Que Existe, com os reinos vegetal e mineral, com a fraternidade da humanidade.
- *O décimo oitavo chakra* é de um dourado escuro e matizado. Com ele usamos sabedoria e poder a serviço da Divindade.

Meditando sobre esses chakras, você se identificará com sua energia e, por essa razão, abri-los-á em serviço mais rapidamente.

Exercício — Meditação para trazer para baixo os chakras quadridimensionais

1. Relaxe ao entrar em estado de meditação.
2. Movimente seu chakra vermelho desde o centro da base até os pés.

3. Depois, o chakra alaranjado, do centro sacral até os tornozelos.
4. O chakra amarelo, do plexo solar até a barriga da perna.
5. O chakra verde, do centro do coração até os joelhos.
6. O chakra turquesa, do centro da garganta até acima dos joelhos.
7. O chakra índigo, do terceiro olho em direção à parte superior da coxa.
8. O chakra violeta, do centro da coroa até o alto de suas pernas.
9. Traga para baixo o oitavo chakra, em direção ao centro da coroa, duplicando-o com o chakra violeta.
10. Traga para baixo o décimo quinto chakra, o violeta-esbranquiçado, em direção à coroa.
11. Traga para baixo o décimo quarto chakra, branco-dourado, em direção a seu terceiro olho.
12. Traga para baixo o décimo terceiro chakra, violeta-azulado, em direção ao centro da garganta.
13. Traga para baixo o décimo segundo chakra, rosa-violáceo pálido, em direção ao centro do coração.
14. Traga para baixo o décimo primeiro chakra, o dourado, em direção ao plexo solar.
15. Traga para baixo o décimo chakra, o rosa-alaranjado, em direção ao sacro.
16. Traga para baixo o nono chakra, o branco-pérola, em direção ao centro da base.
17. Sente-se sem se mexer, irradiando as novas cores de vibração elevada.
18. Termine a meditação fechando os seus chakras.

14

Níveis de Luz

Quanto mais luz tivermos em nossas células, mais próximos estaremos da Ascensão.

Para passar à terceira iniciação, precisamos ter um nível de luz de 50%. É quando nos fundimos com nossa alma ou Mônada.

O nível de luz para a quarta iniciação é de 62%, depois dos quais abandonamos a roda de nascimentos. Para a quinta iniciação, o nível de luz é de 75%. Para a sexta iniciação e Ascensão, precisamos de um nível de luz de 80 a 83%. Para passar à sétima iniciação e tornar-nos um mestre plenamente ascensionado, precisamos de um nível de luz de 92%. A partir daí não é mais possível sustentar um corpo físico.

Perguntei a Kumeka o que determina a Ascensão, e ele respondeu ser preciso manter quatro semanas de um nível de luz consistente no mundo exterior. Por isso, de nada vale ir para um retiro espiritual onde é fácil se manter puro.

Achei os níveis de luz um tanto confusos. Kumeka explicou que as percentagens acima são níveis de luz quando no corpo. Contou que é provavelmente mais fácil dizer que como espírito podemos alcançar 200%. Por exemplo, se seu nível de luz fosse de 98% fora do corpo, no corpo ele seria a metade disso (49%). Ocasionalmente você pode precisar de um nível de luz de 50% no corpo para, durante a noite, seguir rumo às dimensões espirituais.

Aqui estão algumas coisas que abaixam nossos níveis de luz: fofoca, ganância, pensamentos negativos, recusa em tomar decisões, preguiça, excesso de trabalho, falta de bondade, confusão, apegar-se à dor, tensão, raiva, morar numa cidade agitada, consciência da pobreza. Elimine conscientemente de sua vida a maior parte possível dessas coisas.

E aqui estão algumas coisas que elevam seus níveis de luz: generosidade e abundância, cantar, rir, entrar em contato com a beleza e com a natureza, serenidade, amor, claridade, relaxamento, abraçar de coração, meditação, alegria, decisões, pensar bem dos outros. Com consciência, traga mais dessas coisas para a sua vida diária.

Entre em equilíbrio com as mudanças e com a purificação de sua vida. Se você vestir um roupão branco num quarto escuro, o roupão parecerá estar puro e limpo. À medida que você faz a luz brilhar sobre ele, suas manchas começam a se mostrar. Quanto mais brilhante e intenso o foco de luz, mais manchas se mostrarão. Portanto, se você está fazendo muito trabalho consigo mesmo, é provável que muitas delas venham à tona. Isso não significa que você seja uma pessoa má, mas sim que está fazendo brilhar mais luz em direção à sua alma.

À medida que assim iluminamos nossa vibração, nossos problemas não-resolvidos começam a emergir e a atrair nossa atenção. Problemas de infância, padrões antigos, sentimentos reprimidos e traumas de vidas passadas, todos vêm à tona e são observados como marcas e manchas.

Muitas pessoas no caminho da Ascensão decidem que farão todo o possível para iluminar sua vibração sem perceber o impacto que uma súbita mudança desse tipo poderá causar. Não só praticam todas as técnicas apresentadas neste livro, mas também procuram e buscam em seu passado sem se dar conta da agitação que estão provocando.

Uma senhora veio até mim em estado de colapso. Em sua determinação de limpar-se e purificar-se o mais rápido possível, ela empreendera, num curto espaço de tempo, uma semana de intenso jejum, de tratamento Reiki duas vezes por semana, de renascimento, terapia de vidas passadas e trabalho corporal. Também vinha praticando longas meditações diárias, yoga e conversas com seus guias espirituais. Além disso, lera dezenas de livros sobre crescimento espiritual. Ela estava num estado de sobrecarga, e simplesmente não conseguia fazer frente a tudo o que lhe aparecia, tomando-a de assalto. Teve de se submeter a um longo descanso.

No final das contas, o caminho do equilíbrio é mais rápido.

Quando você passa para um nível de consciência mais alto, o seu karma é transmutado. Sua Mônada então envia testes de iniciação para fortalecer quaisquer áreas que precisem ser testadas. É fácil se sentir esvaziado e como se ainda estivesse sujeito ao karma. Mas você não está, e tampouco será punido.

Todos os desafios e dificuldades são ou negócios inacabados, o que é karma, ou uma lição a ser inteiramente aprendida antes que você possa atingir um nível vibratório mais alto. E é sentindo que você percebe a diferença.

Para elevar seus níveis de luz e tornar-se um Mestre, você tem de testemunhar e monitorar todas as emoções, pensamentos, sensações, palavras e ações. Observando o modo como reage a desafios, você pode se surpreender ou mesmo desapontar-se consigo mesmo por algum tempo. Todavia, esteja certo de que o teste retornará de outra forma para que, com consciência, você possa escolher uma nova resposta num nível vibratório mais alto. Agindo sempre dessa maneira, você elevará o seu nível geral de luz e estará no caminho da Mestria e da Ascensão.

Depois de eu ter feito muito trabalho interior, liberando e purificando matéria antiga, de ter me submetido a um rápido processo de desintoxicação sob a orientação de Kumeka, disse-me ele que eu poderia elevar uma antiga parte de mim e liberá-la. Eu gostaria de compartilhar a viagem interior pela qual ele me conduziu. Ela mostrou ser uma poderosa visualização para mim, e você poderá gostar de fazê-la também.

Exercício — Dissolvendo a sombra

1. Relaxe e deixe todo o seu corpo se sentir à vontade.
2. Dê alguns passos subindo para uma magnífica catedral ou algum outro lugar espiritualizado, onde você se sinta bem.

3. Sente-se calmamente e absorva a atmosfera e a energia desse lugar.
4. Visualize-se acendendo uma vela.
5. Deixe a sombra que você está pronto para liberar sair de você rapidamente.
6. Capte sua parte sombria e dissolva-a em água sagrada na fonte ou numa água corrente e pura.
7. Sinta-se brilhando e irradiando luz.

15

A Energia Mahatma

No meu entender, há no universo vasta gama de energias ou Seres, com os quais podemos nos ligar se soubermos como. Por exemplo, neste momento muitas pessoas estão sendo iniciadas em energia Reiki para aprender ou, na maioria dos casos, para relembrar os meios de sintonizar essa importante força curativa.

Outra dessas energias poderosas é a energia Mahatma, também conhecida como Avatar da Síntese, que para muitos acelera mil vezes nosso caminho de Ascensão, se invocada regularmente. Quando ouvi falar dessa energia pela primeira vez, uma centelha de excitação cresceu em mim, e eu soube que ela seria enormemente importante. Apressar mil vezes seu desenvolvimento espiritual é uma coisa impressionante!

Ao que tudo indica, o Avatar da Síntese entrou em contato com a Terra nos tempos da Atlântida e disse que voltaria quando estivéssemos prontos para receber essa energia. Na Convergência Harmônica, foram tantas pessoas ao redor do mundo que oraram e meditaram pela paz e pelo desenvolvimento espiritual, que houve até uma resposta da Divindade permitindo ao Avatar da Síntese reconectar-se conosco.

Essa energia Mahatma é uma consciência grupal para a qual os 12 raios e certo número de Seres extremamente poderosos contribuíram para formar um grande acúmulo de energia, à qual nós humanos podemos agora nos ligar. Mahatma, como bem sabem os admiradores de Gandhi, significa grande alma. Essa energia é acessível a todos, sem exceção. Por isso, se quiser meditar para invocá-la, ela estará disponível para você.

É claro que, de acordo com a lei espiritual, se deseja entrar em contato com ela ou com qualquer outra ajuda, é preciso convidá-la a entrar.

A energia Mahatma é a mais alta das energias de que dispomos na Terra.

Apesar de seu grande poder, ela não pode nos queimar porque nos é legada por grandes Seres, e então por nossa Mônada e alma, para o aspecto encarnado. É como uma usina geradora de eletricidade cósmica, e a enorme voltagem, que nos mataria se fosse tocada diretamente, passa por subestações até alcançar-nos numa voltagem muito menor.

Ela atua como um liame entre nós e a Divindade. Muitas pessoas acreditam estar diretamente ligadas à Fonte, o que na verdade é uma possibilidade para todos. Infelizmente, porém, de acordo com Kumeka, apenas um punhado de pessoas no planeta consegue de fato se ligar a essa Fonte. A maior parte dos que afirmam fazê-lo estão na verdade se conectando com um arcanjo ou com a sua Mônada.

Entre a personalidade encarnada e a alma existem muitos estágios ou iniciações mais relacionados à Mônada, e centenas deles entre nossa Mônada e a Divindade. A energia Mahatma constrói uma ponte de luz — ou *Antakarana* — entre nós e a Fonte. Pela primeira vez temos uma ajuda cósmica de alta freqüência disponível para construir nosso Antakarana até seu último destino.

Por causa de sua alta freqüência, a energia Mahatma ajuda-nos a elevar nossa freqüência até àquela da Luz, facilitando nosso processo de Ascensão.

A energia Mahatma é dourada e branca, o que indica ser uma vibração bastante bela e alta. Quando a adentramos, ela flui através de nosso corpo físico, emocional, mental e espiritual, ou seja, através de nosso corpo físico e de nossa aura, em seguida entrando na Terra. Ela vibra suavemente por nossos sistemas até que nossa energia se torna mais delicada. Ajuda a dissolver formas de pensamento e padrões emocionais endurecidos e cristalizados.

Usar a energia Mahatma é o modo mais efetivo de equilibrar e reenergizar nossas glândulas. Nossas glândulas mantêm-nos jovens e vivos sexualmente, mantendo nosso sistema imunológico saudável e nosso metabolismo equilibrado. A glândula pituitária libera hormônios que nos mantêm jovens ou, no âmbito da crença consciente e coletiva de envelhecimento, ela nos faz envelhecer. Quando pedimos que a energia Mahatma equilibre e reenergize nossa glândula pituitária, é importante pedir que a glândula emita vida e hormônios rejuvenescedores e que pare de liberar hormônios relacionados à morte.

Quanto mais nós, como almas encarnadas, invocarmos essa energia Mahatma, mais iluminada se tornará a Terra, pois a vibração dourada e branca flui através de nós para curar e espiritualizar o planeta. Quando entramos em contato com essa energia, usamos nosso poder para acelerar a Terra rumo à Ascensão. Quanto mais pessoas conhecerem o Avatar da Síntese e a ele recorrerem, mais rapidamente a consciência de todos se elevará.

Falei a muitos dessa energia impressionante e conduzi centenas em meditação para que entrassem em contato com ela. Da primeira vez que a chamaram, muitos tiveram uma experiência parecida com a minha — uma sensação de estar totalmente em chamas. Outras vezes a sentiram de maneira suave, como o fluxo de uma corrente elétrica. Mas ela é sempre poderosa!

Ela pode ser invocada até três vezes por dia. Essa incrível energia ajuda a construir nosso corpo de luz de maneira mais rápida, intensa e eficiente do que jamais foi possível antes. Por causa dessa freqüência tão elevada, nosso corpo de luz se torna um corpo cósmico ou monádico.

Podemos pedir que a energia Mahatma nos ajude com nossos problemas pessoais. Podemos direcioná-la mentalmente para alguma coisa que precise de resolução. Podemos enviá-la aos outros como forma de cura.

Use a prece, a meditação, a visualização e a afirmação para invocar a energia Mahatma. Recorra a ela e conte a todos sobre isso.

Eis aqui um modo simples de convidar a energia Mahatma a trabalhar com você. "Agora invoco a energia Mahatma para fluir através de meu corpo e de minha aura, em direção à Terra, permitindo-me usar minha vida a serviço do Divino." Você pode visualizá-la como um raio dourado e branco passando por você e envolvendo-o e então direcioná-lo para onde desejar.

De acordo com Joshua Stone em *The Ascension Manual*, a partir da Convergência Harmônica com sua dispensação Divina de energia Mahatma, um ser humano poderia teoricamente evoluir passando de um iniciado em segundo grau para um Avatar Galáctico numa única existência!

Ele sugere uma invocação à energia Mahatma que lhe foi dada por Vywamus: "Escolho aceitar e invocar uma penetração profunda da energia Mahatma em toda a minha matriz de energia, permitindo assim uma irradiação plena e aberta do meu eu Divino a serviço de Tudo O Que Existe, agora."

Exercício — Visualização para energização e equilíbrio das glândulas

1. Relaxe.
2. Invoque a energia Mahatma.
3. Sinta ou imagine o raio branco-dourado descendo do cosmos para o seu chakra da coroa. Peça a ele que relaxe, equilibre, energize e cure sua glândula pineal. Você pode visualizá-la como uma bola pequena ou então como preferir. Sinta-a sendo mantida e aliviada na energia Mahatma.
4. Desça até seu terceiro olho e inunde a glândula pituitária com a energia Mahatma. Diga à glândula pituitária para liberar somente hormônios rejuvenescedores, que mantêm você jovem, ágil, de mente aberta, saudável e vivo.
5. Desça até o chakra da garganta e sinta a glândula tireóide sendo aliviada e curada pela energia Mahatma.

6. Repita o procedimento no centro do coração com o timo.
7. Repita o procedimento no plexo solar com o pâncreas.
8. Repita o procedimento no centro do sacro com os ovários ou testículos.
9. Repita o procedimento no centro da base com as supra-renais.
10. Deixe a energia Mahatma branco-dourada fluir para as pernas em direção à Terra, enchendo essa última de energia espiritual.
11. Envie-a a qualquer pessoa que precisar.
12. Feche seus chakras.

16

Reiki e Cura Espiritual

Há uma concentração de energia divina no universo que, quando acessada, pode ser usada para curar bloqueios físicos, mentais, emocionais e espirituais. Aqueles que sintonizam sua freqüência podem dirigi-la a outras pessoas, animais, plantas, situações, ou para si mesmos. Ela pode ser enviada pelo tempo para curar o passado ou para fortalecer o futuro.

Essa é a energia curativa Reiki, e em nossa consciência está havendo um redespertar para o seu poder, de modo que cada vez mais pessoas estão sintonizadas para recebê-la, ao passo que há umas poucas naturalmente capazes de sintonizá-las em si mesmas. Não por acaso, essa energia está sendo liberada para entrarmos em contato com ela.

— *Rei*, significando Universal, é a Mais Alta Consciência Espiritual, a força onisciente e onipresente de Deus que pode fluir para a origem de um problema. Restaura a harmonia e enche-nos de luz, elevando nossa vibração automaticamente.

— *Ki* ou *Chi*, em chinês, *Prana*, em sânscrito, também chamada *Mana* ou *Luz Líquida Dourada*, é a energia divina que flui através de todas as coisas vivas. Essa energia era um dom divino que se tornou disponível originalmente nos tempos da Atlântida, quando os símbolos para chegar a ela eram conhecidos pelos sacerdotes e sacerdotisas de então, muitos dos quais estão reencarnando agora. Era usada pelos monges budistas tibetanos há milhares de anos, tendo sido redescoberta no século XIX por Mikao Usui.

A não ser que já se nasça sintonizado com a freqüência Reiki ou que se encontre o canal de maneira espontânea, será necessário um mestre Reiki para sintonizá-lo na freqüência certa. Como se fôssemos um aparelho de televisão que precisasse ser sintonizado especificamente por um especialista para receber essa estação particular.

Durante uma iniciação em Reiki, tanto o corpo físico como o etérico está sintonizado numa freqüência mais alta. Isso permite um canal claro para que a corrente Reiki de alta freqüência flua através dele. Cada vez que um agente de cura Reiki faz uma conexão com a fonte do poder, a corrente flui de uma extremidade a outra, clareando os canais do agente de cura, e então sobre o lugar, a situação ou a pessoa para a qual é dirigida.

É claro que a cura espiritual faz a mesma coisa, mas o processo e a vibração são diferentes. Com a cura Reiki, as pessoas são sintonizadas com símbolos, que o mestre posiciona em seus chakras da coroa, do coração e das mãos. Durante as últimas sintonizações, recebem símbolos que os tornam capazes de entrar em contato com níveis mais profundos de energia. Assim, as chaves para uma sintonização com essa fonte de poder são símbolos específicos.

A energia de cura Reiki desce em luz violeta, que é a mais alta vibração que podemos ver com nossos olhos físicos e é o raio da purificação.

Uma cliente minha estava contrariada com o fato de vários de seus amigos estarem sintonizados no Reiki e mesmo se tornando mestres do Reiki, significando que poderiam iniciar outros, sem ter um conhecimento profundo das técnicas de cura e um sentimento de devoção para o uso dessa grande força curadora.

Interroguei Kumeka sobre isso, e ele disse que alguns dentre os que sabem como se conectar à energia Reiki seriam técnicos. Haveria também os que são verdadeiros agentes de cura. Os técnicos atraem pessoas que precisam de técnicas para iniciar-se. Os agentes de cura precisam dos verdadeiros agentes de cura do Reiki para iniciá-los. Isso é lógico, pois tudo segue as leis espirituais, e semelhante atrai semelhante.

No entanto, Kumeka acrescentou que os verdadeiros agentes de cura eram muito mais poderosos. Você pode imaginar que se um técnico está sintonizando um aparelho de TV, ele segue as regras. Fazendo isso, sintonizando de certa maneira, o aparelho deve funcionar. Se quem faz o serviço é uma pessoa realmente preocupada com que o aparelho esteja adequadamente sintonizado, ela leva tempo e enfrenta problemas, usa a intuição e um sentimento pessoal de comprometimento para certificar-se de que há um perfeito equilíbrio e conexão.

Assim, como ocorre com todas as coisas, se alguém decide iniciar-se como agente de cura Reiki, é importante usar a intuição para selecionar o mestre Reiki que fará as sintonizações. Em se tratando de receber uma cura Reiki, convém usar sua intuição para escolher o seu agente de cura.

Como toda informação e conhecimento espiritual por nós recebidos, o Reiki expandiu-se e estendeu-se no decorrer dos séculos. Novos símbolos têm sido recebidos. É importante manter a pureza da vibração curativa e a intenção mais elevada ao entrar em contato com ela.

Um verdadeiro agente de cura lida com a energia Reiki com amor e compaixão, dirige-a somente ao que é puro e ao mais alto bem, e usa a visualização para focalizar o poder.

Logo depois de ter passado por minha Iniciação Reiki II, estava eu calmamente fazendo minha prática de yoga matinal quando um fluxo de consciência entrou em minha mente. Uma voz disse: "Sou o Dr. Usui. É muito importante para qualquer pessoa elevar suas vibrações neste momento, e a sintonização Reiki é um meio de fazê-lo. Compreenda que muitas pessoas estão inconscientemente se lembrando de suas vidas passadas à medida que são curadas pelo Reiki, ou sentindo-se atraídas pelo Reiki. Estão discutindo sobre se é certo sintonizar somente os agentes de cura — ou também os técnicos. Mas isso é benéfico para todos. Há vezes em que um técnico é preciso. Saiba que Sai Baba, o Cristo Cósmico e muitos outros estão ajudando nesse trabalho. Saiba que os anjos Reiki, especialmente treinados, também estão ajudando nesse processo. O Reiki é uma parte importante da elevação da consciência."

A voz e a informação foram tão inesperadas que fiquei confusa, mas deixo aqui esse registro, tão preciso quanto me é possível lembrar.

A energia Reiki, como todas as energias espirituais, limpa e purifica tanto o corpo físico quanto as crenças mentais e emocionais. Refina as crenças mentais antigas e firmemente estabelecidas, fazendo com que aparelhos mentais rígidos e crenças ou atitudes inúteis sejam dissolvidos. Os símbolos trabalham na mente inconsciente para dissipar a negatividade.

A cura pelo Reiki trabalha por meio do Eu Superior da pessoa que está sendo curada.

A história recente do Reiki

O Dr. Mikao Usui nasceu no Japão em meados do século XIX. Ele ficou impressionado com o desejo de Buda de ajudar os outros, e notou que a Buda se atribuía a capacidade de curar doenças, e que seus discípulos adquiriram capacidades de curar seguindo seus ensinamentos. Empreendeu uma busca da cura.

Todas as vezes que visitava templos budistas no Japão, ele ouvia que o lado espiritual é mais importante do que o corpo e, além disso, que a capacidade de curar o físico encontra sua base ao enfocarmos a cura do espírito.

O Dr. Usui ficou amigo do prior de um mosteiro zen. Nesse local, estudou as escrituras budistas, os Sutras. Aprendeu chinês para estudá-las em sua língua original, e depois aprendeu sânscrito para poder ler escritos budistas não-traduzidos. Isso é compromisso. Nos Sutras tibetanos, escritos em sânscrito, descobriu a fórmula para entrar em contato com um poder superior que fora usada pelo próprio Buda.

Ao final de sete anos de pesquisa, o Dr. Usui detinha a informação de que precisava, mas não a capacidade de curar. Então, decidiu seguir a fórmula e ir à montanha do Kori-yama jejuar e meditar por 21 dias. No vigésimo primeiro dia, viu um feixe de luz lançando-se em sua direção. Percebeu que a luz o golpearia e pensou que fosse matá-lo, mas decidiu que a capacidade de curar valia o risco. O feixe cravou-se em sua testa, deixando-o inconsciente.

Erguendo-se para fora de seu corpo, viu bolhas de luz contendo símbolos. Recebeu a sintonização e o conhecimento de cada um dos símbolos e foi iniciado na cura Reiki.

Ao descer a montanha, machucou o dedão do pé. Então segurou o dedão com as mãos, e em minutos a dor e o ferimento desapareceram.

No sopé da montanha, parou numa estalagem para fazer uma refeição, que seria a sua primeira em 21 dias. Embora o estalajadeiro o advertisse para que não comesse muito após tão longo jejum, ele fez uma refeição normal sem sentir nenhum efeito adverso. O rosto da filha do estalajadeiro estava inchado, devido a uma dor de dente. Ele usou a energia Reiki para curá-la.

Depois disso, o Dr. Usui passou sete anos num abrigo para indigentes em Kyoto, curando doentes. Quando melhoravam, ele os despachava para que procurassem trabalho, mas eles acabavam voltando dizendo que era mais fácil mendigar do que trabalhar. Então percebeu que estava sendo mais um salvador do que um agente de cura, e por isso saiu dali em busca de pessoas ansiosas por ser curadas. Ao encontrar pessoas que realmente buscavam alguma coisa, ensinou-as a curarem-se a si mesmas e deu-lhes os princípios do Reiki para a cura de sua vida e de seus pensamentos.

Deu a sintonização de mestre a 16 pessoas, incluindo o Dr. Chujiro Hayashi, um oficial da marinha aposentado, encarregado de manter intacta a essência do Reiki após a morte do Dr. Usui. O Dr. Hayashi abriu uma clínica Reiki e, como resultado de sua pesquisa posterior, criou as posições de mão, o sistema de três graus e o procedimento de iniciação. O Dr. Hayashi passou todos os ensinamentos do Reiki para Hawayo Takata, a fim de preservá-los.

Hawayo Takata era filha de imigrantes japoneses que moravam no Havaí. Foi para o Japão em busca de tratamento médico para um tumor, mas, no hospital, quando estava sendo preparada para a cirurgia, ouviu uma voz dizendo que a operação não era necessária. No último instante ela recusou a cirurgia e foi levada para a clínica do Dr. Hayashi. Quatro meses depois, já completamente curada, pediu para aprender o Reiki. Ficou com o Dr. Hayashi por um ano e, depois, retornou ao Havaí.

O Dr. Hayashi visitou-a para ajudá-la a introduzir o Reiki no Havaí, e iniciou-a como sua décima terceira e última mestra. Ela introduziu o Reiki nos Estados Unidos. Sentindo que o conceito japonês de respeito e devoção era de difícil aceitação para as mentes ocidentais, decidiu cobrar uma grande soma em dinheiro pela sintonização e treinamento de um mestre Reiki, para assim criar um sentimento de valorização do Reiki. Iniciou 22 mestres Reiki, incluindo sua neta Phyllis Furomoto, que a sucedeu como Grã-Mestra, o que ela ainda é. Tanto o Dr. Hayashi como a sra. Takata fizeram acréscimos ao sistema original, para assegurar seu progresso.

O Dr. Mikao Usui viveu de acordo com os seguintes princípios:

- Só por hoje, não se preocupe.
- Só por hoje, não se zangue.
- Respeite seus pais, professores e pessoas mais velhas.
- Ganhe a vida honestamente.
- Demonstre sua gratidão por tudo.

Cura espiritual

Quando nossos centros cardíacos começam a se abrir, sentimos o desejo de curar os outros. Começamos a elevar nossa consciência e aprender a ampliar a Fonte, canalizando energia de cura. Passamos por um processo de gradual limpeza de nossos canais para que a energia de cura flua através de nós com mais força e clareza. Fazemos a energia curativa divina percorrer nosso próprio sistema de chakras, para que chegue perfeita à pessoa que estamos curando.

A vibração é obviamente diferente da cura Reiki; sendo assim, algumas pessoas serão atraídas pela cura espiritual e outras pela cura Reiki. Tudo é perfeito. Cada pessoa atrai para si o que é certo, e mais diversidade e oportunidade estão sendo oferecidas agora.

Muitos agentes espirituais de cura trabalham na aura. A cura, nesse caso, pode ocorrer nos níveis espiritual, mental, emocional e físico. A cura espiritual por imposição das mãos tende a trabalhar somente sobre o corpo físico.

A cura pelos anjos

Quando você pede aos anjos que curem por seu intermédio, coisas impressionantes acontecem. Eles elevam a Deus a consciência do agente de cura e da pessoa que está sendo curada.

17

Chamados para o Despertar

Marji levava uma vida convencional, casada com um homem comum e algo autoritário. Tinha três filhos adultos. Trabalhava como fisioterapeuta num hospital e, por não ter compreensão espiritual, trabalhava nos corpos de maneira mecânica, quase como se fossem carros. O enfado começava a se instalar.

O espírito simplesmente não havia entrado em sua vida. Ela nunca ouvira falar em cura espiritual. Todavia, quando é tempo de despertar, os poderes mais altos têm seus meios de atrair nossa atenção. Em 1991, o fatídico fim de semana chegou para Marji.

O marido e o filho haviam saído para passar o fim de semana no chalé da família. Quando ela chegou do trabalho, descobriu que sua casa fora arrombada, mas não apenas roubada. A casa inteira havia sido profanada. Sentindo-se completamente chocada e desrespeitada, chamou a filha e a polícia. Sentiu que tinha de contar ao marido, mas não queria fazê-lo por telefone. Então, ela e a filha entraram no carro e seguiram para o chalé de férias.

Lá, outro choque a aguardava. Em vez de perguntar o que acontecera de errado, antes que ela tivesse chance de falar, o marido esbravejou por ela ter invadido sua privacidade. Ela e a filha voltaram para casa sem lhe contar sobre o arrombamento.

No dia seguinte, sentindo-se desesperada, estava caminhando com sua filha por Glastonbury, envolvida numa nuvem negra. Seus olhos avistaram um letreiro em que se lia "Cura Espiritual". Até aquele instante ela teria ridicularizado o conceito, mas, para seu espanto, viu-se empurrando a bolsa para a filha e dizendo: "Vou me curar." Sua filha disse, ofegante, "Mãe, você não pode", mas Marji virou-se e pôs-se a caminho da clínica.

O destino quis que o último horário para consulta, às quatro horas, estivesse livre, e ela se viu sentada na frente de um homem em quem confiou imediatamente. Ela relaxou quando sentiu calma e paz fluindo dele. Contou-lhe sobre o ocorrido, e disse que até então não havia contado ao marido sobre a profanação de sua casa.

O agente de cura pôs as mãos dela nas suas e olhou-a nos olhos. Imediatamente, ela teve uma sensação fantástica. Uma ducha de luz saiu dele para ela, percorrendo-a em toda a extensão de seu corpo. Ambos foram envolvidos por uma luz indescritível. Ela disse: "Estávamos bem no centro da luz, que se tecia em torno de nós. Eu sentia a luz como pura compaixão. Perdi a noção de tempo."

Marji deixou a clínica sentindo-se traumatizada e com uma compulsão para comprar uma Bíblia, que começou a ler, bem como toda a sorte de livros espirituais. Desse momento em diante, parou de ler jornais e de ver televisão. Sentia-se como se tivesse entrado num mundo diferente, e não parava de pensar naquele maravilhoso acontecimento. Lembrava-se a todo momento de como havia se sentido na luz.

Quando ela finalmente contou ao marido sobre a luz, ele disse que ela havia sido hipnotizada e tinha de sair fora daquilo!

Desejando desesperadamente saber mais sobre a luz, foi ver o vigário local, que lhe disse que estava muito atarefado e que ela deveria procurar um psiquiatra! Em vez disso, ela foi para um retiro e leu mais livros.

Depois de sua experiência, o afluxo de pacientes para Marji no hospital dobrou de imediato. Os pacientes não queriam ver ninguém a não ser Marji. Todos pediam por ela, que estava irradiando luz e poder de cura.

No ano seguinte ela foi visitar o irmão, um ateu, que vivia no exterior. Ela estava tão mudada, que ele lhe perguntou o que havia acontecido para ela mudar tanto. Ela contou-lhe que tivera uma experiência espiritual em 29 de outubro de 1991. Marji achava que a conversa pararia aí, o que de fato aconteceu. O assunto encerrou-se abruptamente.

Para a sua surpresa, no dia seguinte, quando estavam a sós, seu irmão aproximou-se dela e disse: "Quero saber o que aconteceu com você." Ela contou-lhe toda a história, e sobre o fato de ter sido envolvida pela luz indescritível.

Então ele contou que naquele mesmo dia ele estava sentado na cama, em seu apartamento, com uma arma sobre as pernas. Pretendia suicidar-se. Subitamente, às quatro horas da tarde, ele pensou nos filhos de Marji e em como aquilo seria terrível para eles. Ele havia posto a arma de lado no momento em que Marji tinha sua experiência espiritual na luz.

A incrível história não pára aí. Umas poucas semanas depois, Marji encontrou sua alma gêmea. Era um homem prático e trabalhador, um encanador que nunca havia tido uma experiência psíquica ou espiritual. Ambos mergulharam de cabeça numa paixão e embarcaram num apaixonado caso secreto. Ele contou a ela que havia acontecido a coisa mais extraordinária quando se encontraram. Ele viu uma mulher radiante atrás de Marji, empurrando-a na sua direção.

Por quatro anos eles se amaram com alegria e paixão. Marji sentia-se abrir e florescer como mulher. Então, subitamente, ele morreu em seus braços e ela mergulhou em total desolação e dor.

Não podia contar a ninguém, pois era casada, e por isso viajou sozinha por uma semana, de férias. Em desespero e depressão, certa noite ela andava sozinha por uma rua escura. De repente, viu uma luz, e então a rua inteira se acendeu. Ela ficou sozinha nessa grande luz, pensando: "Existe vida depois da morte."

Quando a luz desapareceu, ela se sentia maravilhosamente animada. Pela primeira vez na vida, ela entrou num bar sozinha. Um homem no bar contou-lhe que havia sido ateu durante toda a sua vida, mas que quando ela entrou, ele pensou que Deus caminhava ao lado dela. Eles trocaram endereços e ele escreve freqüentemente para ela e descreve como hoje ele vê Deus em todas as coisas.

A Luz Divina pode entrar e nos libertar da mais sombria das prisões.

Certa vez, na Grécia, eu conversava com um homem beirando os quarenta anos. Tão logo o encontrei, percebi que ele tinha uma grande sabedoria, e suspeitei que tivesse sido um Iniciado. Estava implícito que, apesar de sua sabedoria, ele havia abusado das drogas, o que o abriu para o lado das trevas.

Esta é a sua história, tal como Simon me contou.

"Eu tinha um amigo chamado Dick. Fomos *hippies* juntos, e ele era sempre a vida e a alma da festa. Eu pensei que fosse assim também para ele, e que ele fosse feliz, mas, uma noite, quando caminhava para casa, no escuro, vi uma figura sentada num muro, em prantos. Era Dick. Ele me contou que se sentia só e infeliz, e eu o confortei, embora custando a acreditar que aquele era o Dick que eu conhecia.

Parti em viagem novamente, mas sentia-me perdido e miserável, e passava a maior parte do tempo chapado. Entrei numa caverna de bruxas que estavam usando indiscriminadamente os seus poderes. A vida era um pesadelo horrível. Depois de um acontecimento particularmente horrível, eu sabia que tinha de pular fora. Fugi e fui para o sul.

Um dia, eu estava do lado de fora de uma boate quando senti algo me alcançar e puxar-me para dentro da boate. Lá dentro estava uma das bruxas da caverna. Tentei ignorá-la, mas seu poder foi maior. Fui atraído para sua teia e entrei no inferno novamente. Não havia amor. Fiquei no inferno por mais dois anos.

Até que um dia por acaso encontrei Dick, que se tornara um *quaker*, e fomos tomar um café. Percebendo que eu estava num profundo desespero, disse-me: "Você tem de se lembrar que o amor é o coroamento da Moksha."

Eu perguntei: "O que é Moksha?"

Ele disse: "É o caminho espiritual."

Senti como se um machado estivesse rachando minha cabeça até chegar ao coração. Doía tanto, que pensei que estivesse me matando. Contei-lhe o que sentia e gritei: "O que está acontecendo?"

Ele riu e respondeu: "É o amor, seu idiota."

Eu estava em estado de choque, mas deixei o inferno. Eu havia estado lá por sete anos. Finalmente, estava feliz e em paz.

Porém, poucos meses depois, eu cedi às drogas novamente. No dia seguinte, ouvi uma voz que falava comigo, sem saber de onde ela vinha. Disse: "Assim como subiu tão alto, assim também descerá tão baixo." E mergulhei de novo de volta para o inferno.

Dois anos depois eu ainda me sentia péssimo. Certa noite, tive a experiência de estar muito próximo da morte. Meu anjo da guarda ficou na minha frente e disse: "Você está aqui, agora. Quer ficar ou voltar? Se voltar, não será fácil."

No entanto, tomei a decisão de voltar e trabalhar em meio às trevas. E posso lhe dizer que não tem sido fácil.

Iniciados que cedem a tentações descem mais fundo na matéria (inferno) do que os que jamais aspiraram trilhar o caminho do espírito. Daí as palavras ditas a Simon: "Assim como subiu tão alto, assim também descerá tão baixo."

Aqui e ali, sob os céus azuis da Grécia, fizemos algum trabalho para isolá-lo da caverna escura, e também tiramos algumas formas de energia negra de dentro dele. Contudo, há ainda muito mais a fazer. Se Simon voltar para as drogas, acho que ele descerá ao inferno mais uma vez. Mas se ficar longe das drogas e trilhar o caminho da luz, que conhece tão bem de outras vidas, ele ajudará a si mesmo e a muitos outros nesta vida.

Drogas não fazem parte do caminho da Ascensão. Nas antigas escolas dos mistérios, aos discípulos eram dadas certas drogas, em circunstâncias controladas, para impeli-los a reinos mais elevados. Essas drogas lhes eram dadas num contexto de prece, ritual e cerimônia, que direcionava seus espíritos para o alto. Isso era como lhes oferecer uma cenoura, um gostinho de recompensa pela meditação. Jamais era considerado um atalho para a Luz Divina.

O uso indiscriminado de drogas significa que o espírito pode se projetar em direção ao astral ou a planos astrais inferiores. Esses são os planos das emoções e formas de pensamento mais sombrias, ou, em outras palavras, é o inferno.

Discípulos do passado estão agora reencarnando, novamente procurando e buscando, e lembrando que as drogas eram um atalho para visões divinas. Mas eles têm apenas parte da fórmula, e muitas vezes erram o caminho ou mesmo viajam ao inferno.

Ao que tudo indica, os anjos aparecem quando estamos prontos. Certa vez recebi uma carta de uma mulher que se mudara para o exterior para viver com o namorado. Infelizmente, as coisas não foram tão felizes quanto ela esperava, em parte porque a mãe do namorado estava sempre interferindo na relação dos dois, em parte porque ela sentia falta de sua própria mãe. O resultado foi que o relacionamento com ele estava indo por água abaixo.

Uma noite o namorado chegou cansado do trabalho, e ela fez-lhe uma massagem *shiatsu*, durante a qual ele adormeceu. Então ela viu três anjos atrás de si, guiando-a aos lugares em que devia pôr as mãos. Eles disseram: "Não esqueça a luz que você detém e quem você é."

Ela terminou a massagem e sentou-se na cama, com a mente zunindo. Então os anjos disseram que ela e sua mãe eram almas gêmeas, do mesmo grupo anímico, razão pela qual ela sentia tanta falta da mãe. A partir daquele dia, o vazio de sua separação da mãe foi embora, e ela sentiu uma nova força e uma confiança que a tornaram capaz de enfrentar a mãe do namorado.

Eis aqui a história de como uma agente de cura notável, ainda que relutante, recebeu seu chamado para despertar. Verônica Blundell é uma dessas agentes extraordinariamente poderosas que literalmente fazem milagres. Ela foi ficando cada vez mais consciente da energia quente pulsando em suas mãos, e quando tocava as pessoas, os problemas delas desapareciam.

Numa festa, na Itália, ela conversava com uma senhora idosa cujos dedos eram voltados para trás, tendo então as mãos permanentemente abertas. Cirurgias para cortar os tendões revelaram-se inúteis. Quando Verônica se deu conta, estava dizendo "Deixe-me segurar suas mãos". E quando as soltou, a velha senhora conseguia abrir e fechar as mãos pela primeira vez em anos.

A senhora idosa foi logo contando a uma amiga que não conseguia andar muito bem. A amiga foi mancando até Verônica, que alegremente concordou em segurar-lhe os pés. E ela dançou a noite inteira.

Apesar desta e de muitas outras curas, Verônica ainda não queria aceitar seus poderes. Ela não havia recebido uma formação de agente de cura. Não entendia por que a energia de cura fluía através dela e relutava em aceitá-la.

Um dia, seu filho de quinze anos, Stephen, estava na sala. Ele jamais tivera uma experiência sensitiva; por isso, quando começou a ver clarões em seus olhos, pensaram que fosse um princípio de enxaqueca, e quando Verônica lhe disse para deitar enquanto ela fechava as cortinas, ele a fez parar: "Você não pode ver a luz?", perguntou impressionado. Uma luz trêmula havia aparecido atrás do ombro de Verônica, e nessa luz resplandecia um anjo radiante. Ele disse ao garoto que não tivesse medo, identificando-se como o anjo de sua mãe. E comunicou: "Sua mãe é especial. Ela tem de atender ao chamado para ser um agente de cura. Diga-lhe que se lembre de quem ela é." O anjo então ofereceu-lhe um cetro com um orbe, dizendo que era para a sua mãe. Stephen disse: "Mamãe, o cetro é sólido. É tridimensional. Pegue-o. Você tem de conseguir vê-lo." Mas Verônica ainda não podia ver nem ouvir coisa alguma. Contudo, ela deixou de duvidar de suas capacidades de cura.

Poucos dias depois, pediram-lhe que visitasse um homem que estava morrendo de câncer, em meio a terríveis dores. Ela dirigiu-se ao quarto dele e pôs as mãos sobre seu estômago. A dor foi embora tão abruptamente que ele adormeceu. A família, que a havia seguido até o quarto, não podia acreditar no que via. "O que você fez com o nosso pai?" — perguntaram.

De novo Verônica se ouviu dizer: "Ele está bem. Só está revivendo algo que aconteceu em sua infância e de que havia esquecido."

Quando acordou, o pai contou-lhes sobre os acontecimentos extraordinários de sua infância, com os quais havia sonhado. Desde então, até o momento em que ele teve de partir, durante todo o tempo em que ela o tratou, ele não sentiu nenhuma dor.

18

Limpeza Profunda

Quando fazemos um voto, ele afeta profundamente nossa consciência, razão pela qual os votos devem ser encarados sempre com seriedade. Um homem de trinta e poucos anos contou-me de uma consulta que tivera com uma sensitiva. Ela fez referência a um voto de casamento que ele havia feito numa praia, no início da adolescência. Disse-lhe que o voto estava registrado em seu inconsciente e que o estava atrapalhando no âmbito dos relacionamentos.

O homem ficou absolutamente impressionado. Contou-me que havia tido um casamento de brincadeira, na praia, com uma garota com que tivera um romance de verão, quando tinha então seus 15 anos. Na época ele achara engraçado, e desde então não havia mais pensado no assunto. Agora ele começava a perceber todo o impacto daquele voto de brincadeira e queria removê-lo.

Se um casamento de brincadeira na frente dos amigos pode ter tanto poder, uma cerimônia de casamento integral pode ainda mais. O mesmo vale para votos de pobreza, castidade e obediência feitos em outras vidas, durante cerimônias sagradas na frente de muitas testemunhas.

Todos os votos obsoletos de vidas passadas e desta, tais como casamentos que tiveram de ser rompidos, hoje nos impedem de realizar nosso potencial.

Penny era clarividente e sensitiva, e havia passado por uma grande quantidade de trabalhos para o desenvolvimento de si mesma. Porém, continuava sem entender a razão de não se interessar por sexo. Quando trabalhamos juntas, ficou óbvio que ela havia feito voto de castidade, como freira que havia sido, estando agora limitada por um cinto de castidade etérico. Durante a sessão, quatro cintos de castidade foram-lhe retirados.

Levei-a a uma catedral para meditar. Invocamos todos o que outrora tivessem testemunhado seu voto de castidade para que entrassem na catedral a fim de testemunhar a liberação do voto. Ao fazermos isso, os bancos da igreja ficaram repletos, em sua maior parte de freiras e monges de diversas ordens. Ela ajoelhou-se na frente do padre e pediu para ser liberada dos votos de sua vida passada que agora não lhe eram mais adequados. O padre liberou-a com uma prece. A congregação reverenciou com a cabeça.

Em seguida, quatro freiras levaram-na a uma capela lateral, destravaram os cintos de castidade e os jogaram fora. Levaram-na então de volta para a frente da catedral, onde ela ficou de pé, e declararam-na livre daquele voto. Como mulher livre, conduziu triunfalmente uma procissão ao longo do corredor da igreja.

Quando eu a vi alguns dias depois, ela contou-me que seu parceiro a estava tratando de maneira completamente diferente desde aquela sessão. Até então ele havia estado completamente frio e distante. Quando ela chegou em casa, ele a envolveu nos braços e a beijou. Ela soube instantaneamente que algo havia mudado.

Você pode fazer meditações parecidas para liberar votos de pobreza e obediência. Você pode até mesmo criar uma cerimônia com alguns amigos que pensem como você para se libertar de todos os seus antigos votos.

Sem perceber, muitas pessoas têm implantes alienígenas. Seres de outras galáxias têm curiosidade sobre os humanos. Eles não têm a oportunidade de experimentar nosso sistema reprodutor ou nossos estados emocionais, razão pela qual tentam monitorá-los com implantes.

Kumeka nos conta que a remoção de implantes alienígenas é muito importante para que estejamos livres para ser o que realmente somos. Enquanto tivermos um corpo estranho dentro de nós, não podemos ser puros ou ter uma autoridade integral sobre nossa própria alma.

Para mim, é algo extraordinário que um ser tão elevado demonstre tanta atenção e interesse pelos pequenos problemas das pessoas. Kumeka trabalhará ainda com um indivíduo para retirar-lhe padrões mentais profundamente estabelecidos. Ele virá para uma reunião e removerá implantes alienígenas, como removeu muitos de mim.

A primeira vez que Kumeka me pediu para eu dirigir um grupo de meditação para um local e nível em que ele e seus colegas pudessem remover implantes alienígenas, tive minhas dúvidas; porém mais tarde ele me contou que 90% dos implantes haviam sido removidos. Muitos dos participantes disseram que se sentiam muito melhor.

Noutra ocasião eu estava dando um *workshop* de fim de semana sobre um assunto completamente diferente. Com certeza eu não tinha a menor intenção de mencionar implantes alienígenas, mas durante o almoço fiquei pensando neles. Depois do almoço, quando perguntei se alguém tinha alguma pergunta, muitas mãos se levantaram ao mesmo tempo. Todos queriam saber sobre implantes alienígenas! Então invoquei a ajuda de Kumeka para soltar todos os que estivessem nos participantes.

Os resultados foram extraordinários. Uma mulher escreveu-me algum tempo depois, dizendo que tinha um verdadeiro sentimento de certeza quando eu disse que Kumeka queria soltar implantes alienígenas. Ela me contou que não menstruava há meses, que seus seios estavam ficando endurecidos, e seu estômago, dilatado. Sentia que estava grávida, porém todos os testes de gravidez davam resultado negativo. Mas sempre que ela e os amigos consultavam algum oráculo, obtinham uma resposta positiva. O médico disse que ela estava na menopausa.

Quando ela entrou em estado de meditação para encontrar o Senhor Kumeka, sentiu como se estivesse sendo levantada da cadeira. Sentia algo sendo puxado para fora de seu útero e rapidamente levado embora. No dia seguinte, teve uma forte cólica e um indescritível sentimento de alegria e liberdade. Estava convencida de que um bebê alienígena havia sido removido de dentro dela.

Acho improvável que qualquer implante como esse pudesse se concretizar e nascer como humano. Normalmente seria abortado.

Outra mulher experimentou a remoção de implantes de seu estômago e útero. Depois do *workshop*, sentiu-se impelida a marcar uma consulta com um especialista em remoção de implantes alienígenas, e outros três implantes lhe foram tirados. Presume-se que Kumeka só possa liberar o que as pessoas estiverem prontas para tirar de si na ocasião.

Se sentir que pode ter entidades do astral ou mesmo implantes alienígenas dentro do seu campo áurico, você pode, em meditação, chamar o Senhor Kumeka, Vywamus, Djwhal Khul e o Arcanjo Miguel para removê-los de você.

Exercício — Visualização para a liberação de votos

1. Relaxe profundamente. Massageie seu corpo com sua expiração até se sentir centrado e calmo.
2. Afirme sua intenção de liberar votos desatualizados.
3. Suba caminhando em direção a uma magnífica catedral ou a um lugar sagrado na natureza.
4. Visualize um altar contendo alguns objetos sagrados à sua escolha.
5. Acenda uma vela no altar.
6. Peça ao padre ou à pessoa que realizou a cerimônia original para aparecer na sua frente. Não importa se você não possa reconhecer ou lembrar dessa pessoa.
7. Invoque todos os que testemunharam a cerimônia original para que entrem no espaço sagrado a fim de testemunhar a liberação dos votos.
8. Viva a experiência da cerimônia de liberação. Visualize tudo o que sentir ser importante para você.
9. Devolva todos os anéis, cintos de castidade ou outros símbolos do voto.

10. Afirme sua liberdade na frente das pessoas reunidas.
11. Saia andando da cerimônia como uma pessoa livre.

Se você puder fazê-lo num grupo de meditação ou se puder criar uma cerimônia, o efeito será ainda mais poderoso.

Exercício — Remoção de entidades negativas e de implantes alienígenas

1. Relaxe.
2. Visualize-se num lugar bonito, talvez um local onde haja uma corrente de água ou montanhas.
3. Quando estiver profundamente calmo e centrado, invoque o Senhor Kumeka, Senhor de Luz.
4. Invoque Vywamus, Djwhal Kuhl e o Arcanjo Miguel.
5. Quando puder vê-los ou senti-los perto de você, peça em nome de Deus e de Tudo O Que É Luz que removam de você quaisquer implantes ou entidades alienígenas.
6. Sente-se calmamente até sentir que o trabalho está completo.
8. Agradeça.
9. Imagine que um manto de um azul-escuro está sendo colocado sobre seus ombros e fechado dos pés até o queixo, com o capuz cobrindo-lhe a cabeça.
10. Saia do lugar sagrado caminhando.

19

Trabalho Intergaláctico

Uma vez que nos dedicamos ao caminho da Ascensão, somos enviados para a execução de projetos. Levamos a luz para onde quer que formos, e por isso somos enviados para onde há necessidade de luz. Pode ser algum lugar na Terra, como quando pensei estar viajando de férias para o Peru com um casal de amigos meus. Não sabíamos que estávamos sendo enviados em missão espiritual ao Peru, já que esse país tem retido muitas sombras como resultado de guerras e repressão. De modo ainda mais significativo, Machu Picchu, que é o mais importante e poderoso portal interdimensional em duas vias do planeta, tem recebido infiltrações de forças das trevas, permitindo a entrada de anjos sombrios e alienígenas. Nossa tarefa era dissolver algo dessas trevas e introduzir luz, com o fim de recuperar o portal para a luz.

Quando retornamos, fui informada de que por onde passávamos, deixávamos um rastro de luz que tocava os corações de todos nas proximidades, e de que a terra absorvia a luz como um terreno ressequido grato ao receber a chuva.

Sendo um trabalhador da luz, você estará levando a luz para onde for, quer você faça alguma coisa, quer não. Sua presença está contribuindo para a elevação da vibração do planeta. Da mesma forma, por onde quer que vá seu pensamento em visualização e meditação, a luz vai para lá. Você também leva a luz com seu espírito quando em viagem fora do corpo, que é o que ocorre no estado de sonho.

À medida que se abrem os nossos chakras quadridimensionais, ficamos prontos para o trabalho intergaláctico, o que significa que podemos nos ligar a outros planetas em meditação. A ativação do nono chakra significa automaticamente que nos tornamos parte da guarda da Terra. A ativação do décimo chakra permite que nos lancemos em direção ao sistema solar e que empreendamos missões a outros planetas. Quando o décimo primeiro chakra se abre, tornamo-nos seres galácticos.

Durante uma epidemia de gripe, eu estava meditando completamente alarmada, quando me vi diante do Conselho de Saturno explicando que a energia que estava sendo enviada à Terra era forte demais e estava causando uma sacudida maior do que os humanos poderiam suportar no seu sistema vibratório. Eu intercedia em favor da humanidade para que tivéssemos uma abordagem mais suave.

Mais tarde, Kumeka contou-me que tudo dependia de eu estar disposta para ser usada em missões importantes mais freqüentemente. Quando temos sonhos e meditações nos quais estamos trabalhando com planetas e galáxias, estamos fazendo um trabalho especial.

Uma noite, estávamos Shaaron e eu falando com Kumeka. De repente ele parou e disse a Shaaron que desejava nossa ajuda num projeto. Falou-nos da existência de um planeta que estava completamente emperrado. O planeta estava totalmente árido, e os seres que o habitavam se recusavam a ouvir ou mudar no que quer que fosse. Kumeka disse que ele e muitos de seus irmãos tentaram ajudar aqueles seres a criar algo diferente para que pudessem evoluir, mas eles se recusaram a ouvir.

Ele enfatizou que essa parte do trabalho era vital e urgente, já que o universo inteiro mantinha-se suspenso num estado de equilíbrio tão delicado que o sistema inteiro poderia entrar em colapso se um único planeta estivesse emperrado.

Ele queria levar-nos, Shaaron e a mim, àquele planeta estéril e pedregoso, para ensinar seus habitantes a usar o poder de suas mentes criativas e tornar seu planeta fértil e feliz.

Conduzi uma elevação de nossas vibrações e levei Shaaron em meditação para esse planeta. Kumeka veio conosco mas não participou do trabalho. Foi um projeto fascinante, pois para mim ficou claro que os seres que habitavam aquele lugar estavam aterrorizados. Sentamos gentilmente com os mais idosos e nos comunicamos com eles. Com o poder de nossas mentes, mostramos-lhes como era um pequeno canteiro de grama verde. Nós os ajudamos a tocá-lo e senti-lo. Pouco a pouco, imaginamos para eles flores e árvores, pequenos lagos, e os incentivamos a experimentar isso também. Então ensinamos-lhes a imaginar e, com isso, a manifestar o manto suave da natureza.

Prometemos retornar.

Contei a Kumeka sobre o fato de eu ter sentido que os habitantes se aterrorizaram com sua abordagem forte e direta, e que eles precisavam de uma persuasão e de um encorajamento mais brando para que saíssem de seu estado de paralisia. Em sua nobre generosidade e humildade, ele concordou que ele e seus colegas queriam tanto que o árido planeta mudasse, que usaram uma força poderosa demais ao falar com eles.

Que coisa incrível, pensei, podermos realmente fazer algo para auxiliar os Mestres Ascensionados.

Kumeka pediu-nos que continuássemos a visitar o planeta em meditação, e também a levar grupos para lá, até que os habitantes fossem capazes de entender a alegria de criar e viver na vegetação e na abundância. Assim fizemos e tivemos o prazer de sentir o planeta ficando verde e fértil, as crianças rindo, brincando e nadando. Digo "crianças", muito embora eles não sejam uma forma de vida como nós humanos.

Se você ou um grupo com o qual trabalhe quiser aumentar sua energia, visite o planeta em meditação e continue a ensiná-los a criar um planeta fértil.

Ninguém pode oferecer nada de coração aberto sem retorno. Kumeka prometeu que todos os que ajudassem a libertar o planeta árido das cadeias que o atravancavam sentiriam um preenchimento na aridez no interior de si mesmos.

A Terra tem um liame estreito com as Plêiades, e muitos pleiadianos têm encarnado na época atual. Algumas Sementes de Estrelas de galáxias distantes fizeram descer suas vibrações por meio das Plêiades. Elas estão tentando alcançar-nos para nos ajudar, em especial aos de sua própria espécie. Você pode pedir para ir às câmaras pleiadianas de luz em busca de ajuda e cura, e você as receberá com muita eficácia.

Uma pessoa de uma de minhas classes contou-nos sobre uma experiência que vinha tendo há alguns anos. Ela acordava com as costas vibrando e zunindo. No começo ela se sentia incomodada, pois tratava-se de algo excessivo. Agora já se acostumou. Ela sabia que estava conectada com uma aeronave e que era energizada e ajudada. Sempre que isso acontecia, ela acordava sentindo-se cheia de energia e força vital. Sentia-se maravilhosa. Sem dúvida ela está sendo energizada para um trabalho especial.

Sentindo-se pronto para empreender um trabalho planetário, sente-se calmamente em meditação e envie luz para lugares que você sente que estejam precisando. Para um trabalho intergaláctico, sente-se novamente em meditação e ofereça seus serviços. E então aguarde impressões ou instruções.

20

Súplica pela Liberação de Karma

Você não precisa carregar karma por mais tempo do que deseja. Como resultado da Convergência Harmônica, os trabalhadores da luz foram liberados do peso de sua dívida. Quando ouvi isso pela primeira vez, pensei: "Ótimo! Deixarei a minha ir embora."

Acho que esperei que um grande peso fosse sair de mim, mas é claro que nosso débito só é prescrito quando estamos prontos para permiti-lo. Se ainda temos algo a aprender ou se o queremos restituir em algum nível, o débito permanecerá, e a lei espiritual continuará a se aplicar. Temos de pedir liberação.

Muitos dos que estão lendo este livro terão restituído o débito acumulado trazido para esta vida, e por isso estarão sujeitos ao karma instantâneo. Isso significa que quaisquer novos débitos que vierem a ser acumulados serão imediatamente pagos, e você não mais poderá ficar impune por coisa alguma novamente. Sendo que todo pensamento, palavra ou ação traz consigo uma conseqüência, você só não acumulará mais karma se der testemunho freqüente disso. Isso significa que julgando irrefletidamente as ações de outrem pela manhã, você poderá se encontrar em situação semelhante à tarde!

Cabe a nós sermos cuidadosos, a cada momento, pelo que estamos criando. Raivas, mágoas e pequenas desonestidades, pequenos ciúmes e horas de negatividade e desespero não nos servem. É simplesmente muito fácil entrar em débito de novo, e quanto mais iluminados formos, mais severa será a penalidade.

Também as crenças têm uma conseqüência kármica. Se alguém encarna com a crença de que não merece aquilo, atrairá situações de recriminação ou abuso. Quando responde com pensamentos de raiva, ressentimento ou medo, cria-se o karma.

Conheço uma pessoa que amava muito o seu gato. Sofria se tivesse de puni-lo quando ele aparecia machucado, mas finalmente decidiu fazê-lo. A ação em si mesma não lhe trouxe karma algum, pois a intenção estava correta. Contudo, seus sentimentos de culpa e dúvida daquele momento em diante criaram karma.

Muitas pessoas me perguntam se existe karma relacionado com sexo ou masturbação. A resposta é não. Mas muitas vezes incorre-se em karma pelas visualizações e pensamentos durante o sexo ou a masturbação. Sentimentos baixos, como desejo ardente, culpa ou carência, aumentam os débitos. Pensamentos amorosos envolvendo sexo podem criar crédito.

Sempre houve graça dissolvendo karmas. O amor é o ingrediente ativo que ativa a Lei da Graça; sempre que fazemos algo para outrem por puro amor e compaixão, oferecemos graça.

Doença ou acidente são conseqüências kármicas de crenças, pensamentos e ações, seja nesta vida, seja em outra. Portanto, se uma criança está doente, sua mãe, por amor e compaixão, levará essa criança a um agente de cura ou a um médico. Seu ato de amor, além da atenção amorosa do agente de cura ou médico, é a graça que dissolve o karma da criança.

Se alguém está se afogando e um estranho mergulha e o salva, esse estranho está oferecendo a graça. Um terapeuta que ajuda alguém a enxergar uma situação de modo diferente, fazendo com que um cliente possa encontrar amor em vez de ódio no seu coração, está ajudando a ativar a graça.

No momento presente, muitos estão querendo tornar-se agentes de cura devido a uma grande explosão de compaixão e amor nos corações dos que estão despertos. Cura espiritual, cura pelo Reiki, cura pelos cristais e muitas outras terapias mentais e físicas estão ficando disponíveis agora com o Divino no interior daqueles que com o coração aberto oferecem a graça a outros seres humanos e aos animais.

A maioria de nós está aprendendo lições sobre relacionamentos. Todo aquele que tenha estado trabalhando em si mesmo terá se desligado de pais, parceiros e relacionamentos difíceis, e passado a olhar para a sua própria criança interior bem como para aquela da pessoa com quem está tentando resolver um relacionamento. Há vezes em que fazemos todo o possível, mas o problema ainda parece persistir. Para esses casos, há uma nova dispensação para ajudá-lo.

Se você está cansado de tentar de tudo para sanar um relacionamento ou uma situação, e realmente fez o melhor que pôde para compreendê-lo e resolvê-lo, você pode suplicar a Deus para liberar o débito.

Eu estava trabalhando com uma cliente que durante muitos anos havia feito o melhor que pudera para sanar sua relação com a mãe. Acabei por sugerir-lhe que pedisse uma dispensação divina. Levei-a em meditação para um nível mais alto, onde ela encontrou os Senhores do Karma e contou-lhes sobre o trabalho interior que havia feito, e de seu grande desejo em sanar o relacionamento com sua mãe. Fizeram uma consulta, e então ela viu um deles apagando uma página de seus registros akáshicos, pois para cada um de nós durante nossas vidas é mantido um registro de débitos e créditos. Enfim, permitiram-lhe que visse a página, e ela estava em branco. Ela sabia que seu débito fora eliminado.

No meu entender, jamais houve antes na história de nosso planeta tantas oportunidades de suplicar a Deus por sua graça. Sinto que há uma espécie de anistia divina agora disponível aos que estiverem prontos para aproveitá-la.

Afirmações

- "O Amor e a Luz Divina estão fluindo através de mim AGORA, liberando todos os padrões e crenças restritivas."
- "O Amor Divino flui através de mim sempre que penso em......."

Visualização — Para liberar e perdoar uma situação

1. Relaxe calmamente com os olhos fechados.
2. Peça que a situação que você precisa resolver bem como qualquer pessoa envolvida apareçam na sua frente.
3. Desprenda-se da situação e veja-a de uma perspectiva amorosa.
4. O que você pode oferecer para a pessoa ou situação?
5. Visualize a pessoa recebendo tudo o que deseja ou a situação sendo resolvida de um modo perfeito.
6. Agradeça à pessoa ou situação por ela lhe ter servido.
7. Peça perdão pela parte que lhe toca.
8. Abra seu coração para perdoar quem quer que seja.
9. Deixe o Amor Divino fluir através de seu corpo e de sua aura.

Visualização — Para suplicar a Deus pela liberação do karma (quando você sentir que já tentou tudo)

1. Escreva sua súplica para a Fonte.
2. Feche os olhos e relaxe.
3. Visualize-se galgando os degraus de um templo branco e puro.
4. Atravesse o pátio coberto de flores, passando pelo belo repuxo.
5. Peça aos anjos que levem sua súplica à Fonte.
6. Espere até receber uma resposta.
7. Bata à porta dos Senhores do Karma. A quem atender, passe a resposta à súplica.
8. Receba a mensagem ou resposta deles e agradeça-lhes.
9. Retorne pelo pátio.
10. Medite sobre o que aconteceu.

21

Mantras

Entoar mantras é um modo maravilhoso de elevar nossos níveis de luz. Os mantras são palavras ou expressões sagradas que, quando pensadas, ditas em voz alta ou cantadas, atraem para nós grande quantidade de luz e constroem uma força espiritual.

Os mantras são a chave do universo. Cada som cria um modelo, que em si mesmo é um símbolo ou chave para destravar parte da Verdade Universal. Pitágoras, que agora é o Senhor Kuthumi, foi quem introduziu o conceito de música das esferas, a revelar que cada planeta, estrela, planta, mar ou pedra no cosmos move-se num ritmo específico e possui uma determinada vibração. Muitos são repositórios de sabedoria antiga, fixada em mantras e mandalas.

A música, a entoação e os mantras têm vibrações específicas. Quando entoamos, tocamos alguns tipos de música ou cantamos certos mantras, cria-se um símbolo ou modelo. Cada qual é uma chave para abrir a mente e o corpo ao conhecimento cósmico. Assim, o mantra é uma chave dourada para o Divino, facilitando o acesso a uma consciência mais elevada.

Muitos experimentos têm sido realizados sobre os efeitos de diferentes sons em vários materiais, por exemplo, sobre limalhas de metal e areia. Viu-se que, à medida que as notas eram soadas, as limalhas de metal vibravam e mudavam de posição, criando uma forma. Nos tempos científicos de hoje, usa-se um sofisticado tonuscópio, com os mesmos resultados. Quando o acorde final do *Messias* de Händel é tocado por um tonuscópio, uma perfeita estrela de cinco pontas é produzida na tela. Os mantras formam padrões geométricos precisos. O Om produz um círculo perfeito, preenchido com triângulos concêntricos.

Quando um diapasão é tocado, fará qualquer outro diapasão que esteja ao alcance do som vibrar na mesma freqüência. Se você fizer soar determinada nota num piano numa sala cheia de pianos, a mesma nota ressoará nos outros instrumentos. As ondas cerebrais dos seres humanos num determinado lugar sincronizam-se. A consciência se expande.

Altas vibrações dissolvem baixas vibrações. Pensamentos de alta consciência iluminam as mentes mais baixas. Por isso, a consciência mais alta tem maior poder e influência. A luz tem de vencer sempre.

Quando cantamos mantras, não só entramos em contato com sabedoria e conhecimento cósmico, mas também passamos a espalhar essa sabedoria para os que estiverem prontos a aceitá-la.

Os nomes dos Grandes tornaram-se mantras. Avatar significa a descida da Divindade à carne. Babaji, o Cristo Yogue, é um Mahavatar, o que significa grande Avatar. É provavelmente um dos Mestres Espirituais mais amados e conhecidos, e é tão poderoso que pode materializar ou desmaterializar seu corpo à vontade, muitas vezes aparecendo a indivíduos ou a pequenos grupos de discípulos. Ele aparece como um homem jovem, de seus 25 anos, com um longo cabelo cor de cobre e rosto e corpo radiantes. De seu retiro espiritual no Himalaia, tem trabalhado há muitos séculos para ajudar seres humanos. Ele pode retornar para a Divindade a qualquer momento, mas tem se oferecido para a redenção da humanidade. É chamado de Mestre Imortal.

Babaji ensinou muitos dos grandes líderes espirituais no decorrer dos séculos. Ele foi o guru de Yogananda, e foi Babaji quem enviou Yogananda aos Estados Unidos para difundir a Kriya Yoga, descrita por ele como o método do aeroplano para Deus. A história da elevação de Babaji à Ascensão é contada por Yogananda em sua maravilhosa e inspiradora *Autobiografia de um Yogi*.

Depois de uma prática intensiva de yoga com o seu guru, o renomado Mestre Boganathar da Siddha Yoga, Babaji saiu à procura do grande guru Agastyar. Durante a busca, no sul da Índia, Babaji fez um voto solene à Mãe Divina, de que ele permaneceria em prece e meditação, sem se mover, até que Agastyar o iniciasse na Kriya Yoga. Por 48 dias, ele permaneceu sentado numa devoção sem fim, sob a chuva e sob o sol escaldante, picado por insetos e extenuado de cansaço. Quando estava a ponto de morrer e não parava de repetir o nome de Agastyar, o grande Agastyar apareceu na sua frente, com comida e bebida. Então, iniciou-o na Kriya Kundalini Pranayama Yoga e ele passou 18 meses no Himalaia praticando essas técnicas até se tornar um Mestre Perfeito, entrando em seguida num estado de Ascensão.

Ele está em comunhão constante com Cristo, e esses dois Mestres plenamente Iluminados estão trabalhando em conjunto para o nosso planeta.

Dizem que você não pode proferir o nome de Babaji, com reverência, sem provocar uma bênção divina.

Um dos *bahjans* de Sai Baba, que são cantos ou hinos, consiste no nome de um dos seres sagrados seguido por Aleluia! Você pode adaptá-lo como quiser para chamar a energia de pessoas santas. Por exemplo: Sai Baba, Aleluia! Mãe Meera, Aleluia! Babaji, Aleluia! Yogananda, Aleluia! Mãe Maria, Aleluia! Senhor Buda, Aleluia! Maomé, Aleluia! Alá, Aleluia! Senhor Maitreya, Aleluia! Senhor Kutumi, Aleluia! Jesus Cristo, Aleluia! Serapis Bey, Aleluia! Sanat Kumara, Aleluia!

Todos os Mestres Ascensionados são Senhores de Luz, razão pela qual você pode ou não usar o Senhor como prefixo, isso dependendo do ritmo.

Muitas vezes, quando estou deitada na cama, à noite, entoando mentalmente algum mantra, posso sentir o meu corpo literalmente se encher de luz.

Ou então você pode simplesmente entoar o nome de um dos Grandes. Pode repeti-lo enquanto está numa fila, enquanto dirige, nada, caminha ou a qualquer hora em que estiver com a mente livre. Fazê-lo é uma forma de meditação. Quando você canta o nome de um Mestre ou Mestra Sagrada(o), você o/a atrai para si.

Por exemplo, entoando *Sai Baba* ou *Sai Ram*, você atrairá Sathya Sai Baba, o Cristo Cósmico, que está encarnado neste momento num corpo físico em Puttaparthi, na Índia (vivemos tempos incríveis!).

Hare Krishna (saudação a Krishna) atrairá o Senhor Krishna, e *Jesus Cristo* trará Jesus até você. O nome do mantra *Jesus Cristo* tem enorme poder. Quando dito com o pensamento em seu significado, em vez de fazê-lo automaticamente, ele atrai um turbilhão de energia de luz para você.

Ao cantar o nome de uma pessoa sagrada, você atrairá para si também suas qualidades. Cantando *São Francisco*, você chamará humildade, devoção e amor incondicional. *Jesus Cristo* atrairá amor incondicional. *Gandhiji* provoca não-violência, humildade e sabedoria. *Elohim, Mãe Maria* ou *Mãe Meera* chamam a Mãe Divina. *Santa Joana D'Arc* ou *Arcanjo Miguel* trarão coragem.

O Divino responderá a qualquer nome ou forma de mantra divino. Portanto, entoar mantras é uma forma de tornar mais forte a sua ligação com a Fonte.

Qualquer palavra repetida torna-se um mantra. As pessoas costumam repetir afirmações sobre a falta disso ou daquilo, e estas tornam-se mantras negativos que as enchem de peso e sombras. Palavrões são mantras negativos. Também o são as repetições constantes de palavras como *ódio*.

Afirmações positivas, especialmente aquelas com ritmo e rima, tornam-se facilmente mantras de luz. Repetir uma palavra como *paz, serenidade, amor, calma* ou *tranqüilidade* trará essa energia até você.

Os pensamentos criam. Por isso, quando você tiver com um mantra na cabeça, ele está entrando na sua mente inconsciente e criando um bom alicerce para a sua vida.

Uma vez que todo mantra cria um símbolo no etéreo, quando um número suficiente de pessoas usa um mantra, seja dizendo-o silenciosamente, seja sussurrando, falando em voz alta, entoando ou cantando, elas o acrescentam a um dos símbolos ou concentrações de sabedoria divina no universo. Quando você repete um mantra constantemente, isso imprime aquele símbolo na sua aura para que você possa entrar em contato com o Divino mais facilmente.

As pessoas que freqüentemente desfiam as contas de um rosário, cantando *Oh, Sagrada Mãe de Deus*, terão o símbolo da Mãe Divina na sua aura pessoal. Elas atrairão com mais facilidade para si essa energia da Mãe Divina e estarão acrescentando sua pequena contribuição ao poder da Mãe Divina.

Om Nama Sivaya invoca a Fonte. *Om Shanti* é um mantra de paz. *Kodoish, Kodoish, Kodoish Adonai Tsbeyoth* (significando Sagrado, Sagrado, Sagrado Senhor das Hostes) é um dos mantras mais eficazes que há.

So Ham é usado por milhões de pessoas. Você inspira em *So* e expira em *Ham*. Costumava ser um dos mantras mais poderosos e interceder em muitos caminhos, mas o Senhor Kumeka contou-me que o planeta tem mudado tanto que esse mantra ficou menos importante do que costumava ser.

Não é preciso dizer que se você segurar um cristal enquanto repete seus mantras, a experiência será mais profunda. Você também pode visualizar-se numa pirâmide, num lugar com flores e velas ao seu redor.

Aqui estão alguns mantras muito conhecidos e poderosos:

A Grande Invocação

trazido por intermédio de Alice Bailey

Do ponto de Luz dentro da Mente de Deus
Deixe a corrente de luz adentrar a mente dos homens.
Deixe a Luz descer à Terra.

Do ponto de Amor dentro do Coração de Deus
Deixe a corrente de amor entrar no coração dos homens.
Que Cristo possa retornar à Terra.

Do centro onde a Vontade de Deus é conhecida
Deixe o propósito guiar a pequena vontade dos homens,
O propósito que os Mestres conhecem e ao qual servem.

Do centro a que chamamos a raça dos homens
Deixe que se faça o Plano do Amor e da Luz
E que possa selar a porta de onde o mal habita.

Deixe a Luz e o Poder restaurar o Plano na Terra.

Pai-Nosso

usado pelos cristãos

Pai Nosso, que estais no Céu, santificado seja o Vosso nome.
Venha a nós o Vosso Reino.
Seja feita a Vossa vontade, assim na Terra como no Céu.
O pão nosso de cada dia nos dai hoje, perdoai as nossas ofensas assim como nós também perdoamos os que nos têm ofendido.
E não nos deixeis cair em tentação, mas livrai-nos do mal. Amém.

O Mantra da Grande Fraternidade Branca

A Grande Fraternidade Branca é composta por aqueles que dominaram os planos físicos e agora se oferecem em serviço

Sou a Mônada (ou a alma)
Sou a Luz Divina
Sou Amor
Sou Vontade
Sou um Plano que foi Determinado.

Apaixonei-me por esse mantra desde a primeira vez em que o ouvi, como se eu o reconhecesse de há muito. Ele invoca a poderosa Presença EU SOU. As palavras *Sou um Plano que foi Determinado* referem-se à afirmação da missão original de sua Mônada. Ela ressoa com sua missão e o atrai para mais perto dela, caso você ainda não esteja em seu caminho monádico. Se você já estiver nele, acredito que esse mantra acelerará sua jornada.

22

Guias Espirituais

Todas as pessoas têm um guia espiritual, pois não há quem caminhe sozinho sobre a Terra. Se nosso anjo guardião fica conosco por todas as nossas vidas, atraímos um guia espiritual de acordo com nosso nível de luz. Por isso atraímos guias novos à medida que evoluímos.

Os que não se interessam pela vida espiritual podem manter o mesmo guia durante toda a vida. Seu guia será mais evoluído do que eles, mas não será necessariamente do mais alto calibre. Stephen, que viu o anjo de sua mãe, Verônica, e o ajudou a despertá-la, estava certa vez numa estação, esperando um amigo. Ele começou a ver luzes movendo-se atrás de cada pessoa que por ali passava. As luzes eram de cores e intensidades diferentes, mas todos tinham alguma. Então pôde ver que cada luz era um guia espiritual.

Quando os guias espirituais perceberam que ele podia vê-los, reagiram de modos diferentes. Alguns não gostaram e lançaram-lhe um olhar gelado. Outros vieram até ele e o reconheceram. Muitos estavam desanimados e comentaram sobre seus encargos: "Este aqui se recusa a ouvir. Vou deixá-lo logo, logo, e passar para outro. É um desperdício de energia ficar com ele." Ah, se as pessoas soubessem!

À medida que despertamos do nosso sono espiritual e começamos a nos tornar mais puros, mais luminosos e mais focados numa vida espiritual, atraímos guias mais elevados para nossas vibrações. Há seres altamente evoluídos que estão sendo atraídos para nosso planeta agora, esperando e observando as pessoas elevar sua freqüência de luz para que possam estabelecer contato com elas. Esses guias mais elevados querem canalizar orientação, sabedoria e informação por meio de pessoas espiritualizadas da Terra.

Os guias espirituais podem baixar sua freqüência até certo ponto para nos contatar, mas de nossa parte é preciso maior abertura e purificação para que os guias de vibrações mais altas possam se ligar a nós. Quanto mais iluminados nos tornamos, mais alta será a freqüência da orientação e da informação que virá por nosso intermédio, quer delas estejamos conscientes, quer não.

Nem todo guia espiritual chegou a ter um corpo físico. Se ele não encarnou em nosso planeta, às vezes pode achar difícil compreender nossas emoções e limitações físicas. Cabe sempre a nós assumir a responsabilidade por nós mesmos.

Os guias mais elevados progrediram por Planos de Esquecimento de Si e são seres altamente purificados. São treinados para o trabalho especial de ajudar os humanos a cumprir suas missões.

Quanto mais você evolui, maior é a probabilidade de ter mais guias espirituais ajudando-o a qualquer momento. Eles o ajudam em diferentes aspectos de sua vida. Uma pessoa não-evoluída possivelmente terá apenas um guia ou auxiliar. Quanto mais luminosa for sua freqüência, mais ajuda espiritual você atrairá, de modo que poderá sentir diferentes guias a seu redor, e deles receberá informações. Você pode ter todo um exército de auxiliares no mundo espiritual.

Logo depois da minha primeira experiência espiritual, em 1982, quando um anjo me levou num passeio pelo universo, percebi que eu tinha um guia espiritual, mas não sabia como entrar em contato com ele ou ela, e tampouco sabia o seu nome.

Naquela época, a exemplo de muitas pessoas recém-despertas, eu estava ansiosa por entrar em contato com meu guia, ou pelo menos saber o seu nome, pois eu tinha consciência de que a vibração do nome ajuda a trazer o guia para mais perto. Recebi uma meditação para fazer todas as noites antes de ir para a cama, na qual eu deveria subir até o cume de uma montanha, onde tinha de sentar, perguntar pelo nome de meu guia e aceitar todas as impressões que viesse a receber.

Naquela noite, cheia de antecipação, sentei em meditação e perguntei pelo nome de meu guia. Um forte pensamento me veio à mente: "Philendron." E subitamente uma voz fraca assoprou... "E Nesbitt."

"Que bobagem", pensei, desapontada mesmo.

Durante duas semanas, sentei-me fielmente todas as noites em meditação e perguntei pelo nome de meu guia. Todas as noites durante duas semanas eu ouvi "Philendron" seguido por "E Nesbitt". Era como se fosse a hora de uma comédia musical. Eu estava decepcionada.

Com o passar do tempo, chegou a vez de retornar à pessoa que havia me dado a meditação. Ela harmonizou-se e disse: "Você tem dois guias trabalhando com você no momento. Seus nomes são Philendron e Nesbitt."

Até hoje me dizem para aceitar as impressões que recebo! A dúvida muitas vezes nos faz perder oportunidades.

À medida que fui me identificando com o caminho espiritual e dedicando minha vida a trilhar o caminho da Verdade, mais guias aproximaram-se de mim. Quando comecei a escrever *Light Up Your Life*, um novo guia apareceu para me ajudar. Ele convenceu-me que seu nome era Bartolomeu. Era um professor maravilhoso, caloroso e gentil, e *Light Up Your Life* bem como sua seqüência, *A Time for Transformation*, foram devidamente publicados. Não contei sobre Bartolomeu ou sobre o modo como ele gravou informações em mim. Então, no espaço de uma semana, recebi duas cartas de amigos que diziam: "Você tem de ler os livros de Bartolomeu que foram canalizados por Mary Margaret Moore. Eles têm uma energia maravilhosa." Alguns dias depois, recebi um telefonema de alguém que disse estar recepcionando um seminário para Mary Margaret, enquanto ela estava na Inglaterra canalizando Bartolomeu. Perguntou-me se eu queria participar. Sem hesitar, respondi "sim".

Eu estava trabalhando até o momento de ir a West Country, descrevendo detalhes de um novo curso que eu planejava ensinar. No carro, enquanto eu seguia para o *workshop*, pedi uma prova de que era o mesmo Bartolomeu que estava trabalhando por meu intermédio. Já no *workshop*, assim que Mary Margaret começou a canalizar, ela citou palavra por palavra o que eu havia escrito. Eu sabia que a prova que eu pedira estava me sendo oferecida.

Jamais vi Bartolomeu, mas, de tempos em tempos, em relances, visualizações ou sonhos, eu enxergava três índios americanos na função de guia. Dois deles tinham cocares enormes e um era jovem e de visual atlético, com uma pena e um sorriso jovial.

Um dia eu estava caminhando em meio a uma neblina espessa, nas colinas próximas de minha casa. Sentia-me completamente como num casulo em meio àquela névoa branca, e estava bastante meditativa. Disse para o espírito do mundo, mas não em voz alta, "Quem são os três guias que vejo? Qual deles é Philendron?" De súbito, vi na minha frente um magnífico índio americano com um belo cocar cheio de penas. "Uau", pensei.

Então, perguntei, "Quem é o jovem com mocassins brancos e uma pena?" Sorridente, ele apareceu para mim e disse: "Sou Red Cloud."

Por isso, indaguei: "Bem, quem é o outro cacique que vejo às vezes?"

De repente, senti como se um facho de luz atravessasse a minha cabeça, e um magnífico cacique pôs-se diante de mim dizendo, numa voz profunda, "Sou White Eagle".

Ofeguei, sentindo-me totalmente desorientada, e balbuciei: "Mas eu não posso fazer nada do que eles podem fazer em White Eagle Lodge. Não sou uma médium."

Ele disse: "Não, mas você pode receber impressões." Então, desapareceu em meio à névoa. Voltei para casa totalmente chocada. Quando contei isso a uma amiga, que era uma agente de cura da White Eagle Lodge, ela respondeu: "Se eu fosse você, não contaria isso a ninguém." E por muitos anos não contei.

Durante muitos anos continuei a trabalhar em meu desenvolvimento pessoal e espiritual, com o objetivo e a intenção de servir ao Divino.

Até que, numa véspera de Ano Novo, Kumeka veio ao meu encontro e de Shaaron (ver *Introdução a Kumeka*, p. 7). Ele é meu guia espiritual mais alto, um Mestre Ascensionado, e sinto-me realmente abençoada por poder trabalhar com sua energia.

23

Anjos

Os anjos estão ao nosso redor, não só para nos inspirar e encorajar, mas também para nos ajudar e abrandar nosso caminho rumo à Ascensão. Se sempre houve anjos guiando-nos e sussurrando para nós, hoje eles estão presentes mais do que nunca. Estão vindo para a Terra sob o comando de Deus para ajudar nas ondas de Ascensão.

Devido a seu estado altamente vibratório, a maioria das pessoas não os pode ver. Por isso, eles chamam a atenção para a sua presença fazendo com que flutuem e cheguem até nós pequenas plumas. As plumas são a sua senha.

Um dia eu estava caminhando pelos bosques, profundamente absorta em como resolver um problema. Era um daqueles raros momentos em que eu me sentia isolada, sem poder sentir nenhuma ajuda em torno de mim. Parei e disse: "Há algum anjo que possa me ajudar com isso?" Olhei para meus pés, e no chão, junto de meus sapatos, havia uma pequena pluma branca! Então eu soube que alguém estava cuidando de mim.

Pouco tempo depois, uma senhora veio ver-me, desesperada para trabalhar com anjos. Estava muito tensa, e apesar de seu grande desejo de que os anjos a ajudassem, achava-se cheia de dúvidas. Jamais vi uma pessoa expressar tanta dúvida e esperança em cada frase.

No momento de fazê-la relaxar e convidar os anjos, peguei um suave manto felpudo azul, no qual eu sempre envolvia meus clientes, e depositei-o sobre ela. Bem no meio do cobertor estava pousada uma pequena pluma branca, que não havia estado lá pela manhã, quando eu atendera ao meu primeiro cliente. Ela ficou totalmente atônita. Não é preciso dizer que os anjos chegaram com força, ajudaram-na a abrir seu centro do coração, e ela então pôde receber ajuda para resolver seus problemas.

Contei essas duas histórias numa conversa, certa noite. Todos tinham histórias sobre plumas vistas em tempo e lugar inesperados. No dia seguinte, uma das pessoas telefonou-me para dizer que depois da conversa ela e seus amigos foram para um café, comer alguma coisa. Depois da refeição, quando se levantavam para sair, viram uma pequena pluma branca no centro da mesa. Disse-me que a mesa estava impecavelmente limpa, que quando eles sentaram o funcionário do local tirara tudo o que havia em cima dela. Estavam emocionados com o fato de os anjos terem dado a conhecer sua presença de forma tão rápida.

Numa outra conversa, uma senhora disse que seu pai sempre estivera muito próximo dos anjos. Falava com eles freqüentemente. Morreu num acidente de automóvel, e uma testemunha da cena disse ter pensado que um cisne havia se chocado com o carro, uma vez que havia tantas plumas brancas voando no ar! Ela soube de imediato que eram os anjos em torno dele.

Anjos podem nos ajudar em questões essencialmente práticas. E também têm um excelente senso de humor.

Um homem que veio a um de meus *workshops* disse: "Obrigado pelo seu livro sobre anjos. Ele me ajudou na semana passada." O homem contou que estivera lutando com uma torneira quebrada, que teimosamente se recusava a abrir. Ele já estava desistindo e decidido chamar um encanador, quando lembrou dos anjos. "Eu queria saber se existe um anjo encanador por aí", pensou. E disse, em voz alta: "Se houver um anjo encanador, por favor me ajude."

Ele voltou à torneira, que abriu em sua mão. A água correu novamente.

Quando nossas vibrações se elevam, os anjos nos ajudam a recuperar para nós o que é nosso por direito divino.

Contei a história do anjo encanador para uma amiga enquanto ela estava me levando ao maravilhoso templo hindu de Neasden, na zona norte de Londres.

Há 33 anos, ela dera seu filho para adoção. Desde então, todos os dias orava por ele. Havia dez anos que ela o procurava por meio de uma agência.

De volta à sua casa após a visita ao templo, encontrou uma carta da agência dizendo que as pistas haviam esfriado. Não havia nada mais que eles pudessem fazer e infelizmente teriam de fechar seus arquivos. Quando ela se sentou para digerir essa horrível notícia, pensou: "Se existe um anjo encanador, deve existir um anjo para crianças perdidas, e há 33 anos meu filho era uma criança perdida."

Sentou-se calmamente e pediu ao anjo das crianças perdidas que encontrasse seu filho. Passadas 72 horas, a agência telefonou para dizer que não só o havia encontrado como também ele a havia procurado e estava ansioso para encontrá-la. Em dez dias eles estavam reunidos, e pela primeira vez em todos aqueles anos ela estava se sentindo completa. Ela sabia que os anjos o haviam recuperado para ela.

Podemos pedir aos anjos que ajudem os outros, sempre cientes de nossas motivações.

Uma senhora lindamente bronzeada contou-me que recém chegara de férias com a família. Eles haviam estado numa vila isolada e ensolarada, onde a única diversão era uma piscina. Sua filha de cinco anos de idade pulava e brincava na água o dia inteiro, ao passo que o filho, de oito anos, estava aterrorizado e recusava-se a chegar perto da piscina. Lá pelo décimo dia de férias ela começou a ler *A Little Light on Angels*. Depois de ler alguns capítulos, ela percebeu o quanto os anjos podiam oferecer. Parou, pensou e pediu que um anjo ajudasse o filho a superar o seu medo de água. Mais tarde, naquela manhã, seu marido a cutucou, dizendo baixinho: "Olhe!" Para seu espanto, o menino estava brincando alegremente na água.

Anjos trabalham com compaixão por meio do coração.

Num *workshop* sobre *Paz Interior*, eu explicava que se temos dor ou ferimento em nosso corpo, nossa criança interior está tentando nos passar uma mensagem que desconhecemos, e que enquanto negarmos as mensagens de nosso corpo, não podemos experimentar a paz.

Um dos participantes, a quem chamarei James, era um homem mal-humorado. Depois do *workshop*, segurou-me e disse ter nas costas um ferimento que lhe causava uma dor considerável. Explicou que seu caso era diferente, pois ele havia sido ferido por outra pessoa com quem tinha uma causa pendente na justiça.

Compadeci-me dele, antes de explicar que aqueles que o atacaram eram espelhos exteriores do modo como ele estava se atacando e machucando. Isso o chocou, mas ele tinha consciência suficiente para compreender. Lembrei-lhe que ele tinha uma escolha a fazer e que poderia tanto se agarrar a seu sentimento de estar machucado, de sentir dor e ter perdido a paz interior, ou poderia deixar que as coisas passassem. Sugeri que ele as deixasse passar.

Ele não quis ouvir e foi para casa bastante aborrecido. Como a sua mulher havia ido embora e ele tinha a casa inteira para si, sentou-se numa cadeira confortável para pensar a respeito. Ponderou até que começou a escurecer. De repente, para seu espanto, uma luz apareceu na sala, e um anjo ficou diante dele: era lindo, reluzente e dourado. O anjo lhe mostrou um filme de sua vida, repassando para ele o horror de sua infância junto do pai alcoólatra e violento. Mostrou-lhe cenas em que ele, então um garotinho, tentava proteger sua mãe e apanhava. Reviu também um período de quando tinha dez anos, com gesso em sua perna quebrada. O pai embriagado tentara quebrar o gesso com um bastão.

Quando viu aquele horror antigo, ele sentiu o poder, o calor e o amor do anjo, que lhe disse: "Deixe passar, James. Deixe tudo passar."

Embora ele não estivesse inscrito no seminário *Cura com os Anjos* do dia seguinte, ele sabia que tinha de ir e estava lá já antes de mim.

No curso da manhã, ao nos contar sobre sua experiência com o anjo, ele começou a soluçar. Pela primeira vez, ele compartilhava a dor e a agonia da infância passada com o pai abusivo.

Durante todo o dia ele pôde sentir os anjos trabalhando nele, ajudando-o em seu processo de libertação. Graças a eles, um homem caloroso, amoroso, radiante e livre de dores nas costas foi para casa depois do *workshop*.

Uma vez que os humanos estão agora elevando suas vibrações e passando para dimensões mais altas, nossas asas etéricas já começam a brotar de nossos ombros. Elas são visíveis para alguns clarividentes. Muitas pessoas estão sentindo estranhas dores e tensões nos ombros, pouco se dando conta de que podem ser suas asas crescendo.

Ao sentir suas asas e concentrar-se nelas, você pode acelerar seu processo de abertura. É maravilhoso sentir as asas. As de algumas pessoas são pequenas, as de outras, enormes. Algumas são brancas, outras, douradas, cor-de-rosa, multicoloridas ou translúcidas. Todas são diferentes.

Quando entrou em contato com suas asas num *workshop*, um homem, em estado de excitação, disse que era exatamente como ele havia se sentido quando criança, nas vezes em que sonhava ou imaginava que podia voar. Ele estava se lembrando de algo que era seu e que havia perdido. Ele estava reconhecendo seu eu angélico.

Você não precisa acreditar em anjos para entrar em contato com a ajuda e a orientação que eles proporcionam. Peça, e eles se aproximarão para aliviar seu caminho.

Assim na Terra como no Céu. Se uma criança perde a confiança em si mesma, a fé que os pais depositam nela pode ampará-la e ajudá-la a ter êxito. Somos amparados pela fé dos anjos em nós.

Você não precisa acreditar em anjos. Eles acreditam em você.

24

Arcanjos

Os arcanjos são tão belos e luminosos que sua energia está além de nossa compreensão. Eles são enormes, sua compaixão é infinita, e seu poder, onipotente. Por incrível que pareça, eles realmente estão trabalhando individualmente com humanos.

Nunca tenha medo ou vergonha de chamá-los para lhe ajudar. Embora sejam seres espirituais poderosos e com grandes projetos sob sua responsabilidade, a energia deles logo virá em seu auxílio se você pedir por ela.

O Arcanjo Miguel gosta das coisas acabadas. Ele corta a matéria que esteja nos segurando, e o fez literalmente num caso de que me recordo.

Eu vinha trabalhando com uma senhora que me contou estar tendo um caso já há algum tempo e disse que seu amante era a sua única fonte de estímulo e amor. Acrescentou que seu marido era um homem bom que a amava e não sabia de seu caso.

Ela marcou a consulta comigo porque queria uma vida melhor para sua família, mas, ao mesmo tempo, queria manter o amante! Alegou que o marido não sabia sobre o caso, de modo que isso não poderia afetá-lo de maneira alguma. Lembrei-a de que ele podia não saber conscientemente, mas no nível energético, nível em que estamos todos ligados e respondendo uns aos outros, é claro que ele sabia. Ela concordou quase sem hesitar e acrescentou: "Em todo caso, ele é muito sensitivo."

"Mas", persistiu, "não pretendo deixar o meu amante. Já tentei uma vez viver sem ele e fiquei arrasada. Não estou preparada para arriscar de novo." Ela estava totalmente convencida de que cortar os laços psíquicos com ele não era uma opção.

Ela estava numa posição firme e não tinha a intenção de mudar seu ponto de vista, razão pela qual a conduzi a uma sessão de relaxamento e meditação para elevar sua consciência. Sugeri que ela olhasse para dentro de si e verificasse se poderia encontrar uma outra opção. Ela fechou os olhos e imediatamente se viu com o marido e os filhos. Todos os quatro estavam envoltos em sombras, mas havia uma luz brilhando na direção dela e de seu amante. Ela podia ver o cordão que a ligava a ele, mas disse que a luz viria para ela caso o cortasse.

Quando sugeri que convidasse um anjo para ajudá-la, ela respondeu ansiosa que gostaria de chamar o Arcanjo Miguel! Houve imediatamente uma precipitação de luz quando o Arcanjo Miguel entrou carregando sua espada. Com um golpe ele cortou o cordão entre ela e o amante. Então ele verteu calor, amor e luz sobre ela, e isso se espalhou para o marido e os filhos.

Ao abrir os olhos, ela olhou aturdida e riu: "Mal posso acreditar. Sinto-me tão diferente!" Saiu sentindo de modo absolutamente claro que não precisava de seu amante, nem mesmo precisava vê-lo.

Eu a vi cerca de um mês depois. Ela parecia radiante, contou-me que vira o homem no trabalho e se sentira totalmente diferente em relação a ele. Ela percebeu que ele era simplesmente um amigo, e que, desde que o Arcanjo Miguel cortara o cordão, não havia mais centelha entre eles. Contou-me também que as conseqüências para sua família estavam sendo incríveis. "Eles parecem tão felizes", disse sorrindo. "Meu marido e eu estamos mais próximos, as crianças floresceram."

Podemos recorrer aos anjos e arcanjos a qualquer momento. Também podemos pedir para ser levados a seus retiros no etéreo, em meditação ou quando estivermos dormindo. Se fizermos isso, eles trabalharão em nós sem nossa participação consciente.

O Arcanjo Miguel ajuda-nos a aumentar nosso poder e fé divinos. Instila-nos coragem, força e poder, e além disso nos protege. Costuma ser representado com uma espada na mão.

Uma senhora, a quem chamarei de Liz, percebeu que seu pai, embora bastante idoso, estava abusando sexualmente dela, de suas filhas e de todos os membros femininos da família, nos planos astrais, durante a noite. Em outras palavras, seu espírito estava saindo do corpo e buscando satisfação sexual no contato com as mulheres da família. Ele vinha fazendo isso há anos, afetando-as consideravelmente, em especial as garotas pequenas, pois carregamos o que nos acontece durante o sono para a vida em vigília, e isso influencia-nos inconscientemente.

Não é preciso dizer que o pai, na vida cotidiana, era um pilar da sociedade e muito reprimido sexualmente. Se negamos nossas emoções e nossa sexualidade, damos vazão a elas em outra parte. Eu tinha a forte sensação de que era preciso pará-lo; as mulheres não só tinham de proteger a si mesmas e às suas filhas, mas tinham também de utilizar seu poder para visualizá-lo numa jaula, para que ele não mais conseguisse molestá-las.

Visualizamos, eu e ela, seu velho pai preso numa jaula reforçada. Eu estava cautelosa quanto às conseqüências kármicas que isso poderia implicar. Por isso acrescentamos a condição de que a visualização fosse feita sob graça e somente se fosse para o mais alto bem.

Naquela noite, uma das netas adolescentes, que obviamente nada sabia da proteção sensitiva a que recorremos, teve um sonho bastante vívido. Na primeira parte do sonho, ela estava sendo libertada de um opressor. Então, quando pensou que estivesse segura, de repente um enorme tigre pulou para fora de sua jaula. Ela acordou.

O pai de Liz era um homem de enorme força de vontade. Seu espírito, representado pelo tigre no sonho, havia escapado da jaula reforçada em que o havíamos posto. A partir daí, antes de dormir, pedíamos ao Arcanjo Miguel para ficar de guarda junto dele, para que não molestasse ninguém caso viesse a escapar.

Com outros tive uma visão de estar criando um centro de luz. Àqueles de nós que tinham a visão foi dito que organizassem um evento para a paz em 6 de abril de 1997, data que marcava os 1.000 dias para a entrada do novo milênio. No final da tarde, várias centenas de pessoas formaram uma estrela humana simbolizando a paz e seguraram bexigas amarelas enquanto nos balançávamos na dança da paz.

Mais tarde, uma senhora muito sensitiva que estava assistindo a um de meus *workshops* aproximou-se de mim e disse: "Você viu o enorme arcanjo dourado no centro da estrela com as asas abertas, abraçando a todos os que formavam a estrela?" Eu não o vi, mas todos sentiram a mais extraordinária presença. Mesmo pessoas que não eram trabalhadoras da luz comentaram sobre a maravilhosa sensação na estrela, e ninguém queria sair de lá.

Naquela noite, fui acordada por anjos que me disseram que todos os que estavam na estrela haviam recebido uma bênção e que nosso trabalho fora realizado. Havíamos enviado suficiente luz para criar um portal naquele ponto. Um portal de luz é uma porta de entrada pela qual os anjos podem ter acesso mais fácil ao planeta. Na noite seguinte, em resposta a uma pergunta que formulei, fiquei sabendo que o próprio Arcanjo Miguel estivera no centro da estrela!

Cada um dos arcanjos tem um retiro no etéreo de nosso planeta. Se você visitou um desses retiros ou sente afinidade com algum deles, isso pode ser um sinal de que você tem um vínculo especial com o arcanjo que está ligado a esse lugar.

Conforme já mencionei, o retiro do Arcanjo Gabriel no etéreo fica acima do monte Shasta, na Califórnia, e você pode pedir para ir até lá e purificar-se. Falei sobre os retiros etéricos num *workshop*.

Algumas semanas depois, uma das participantes, chamada Margaret, contou-me sua experiência. Antes de dormir, ela pediu para ser levada ao retiro do Arcanjo Gabriel. Na primeira noite, dois Mestres, um homem e uma mulher, foram até ela e apresentaram-lhe recordações desta e de outras vidas e, em seguida, removeram-nas da aura de Margaret.

Retiros dos Arcanjos

Arcanjo	Retiro	Raio	Propósito
Miguel	Banff, Canadá (perto do lago Louise)	Raio azul de proteção (terça-feira), chakra da garganta	Ata o mal e as entidades más. Protege contra ataque ou lesão. Dá força e coragem. Fortalece a vontade divina e a fé.
Jophiel	Ao sul da Grande Muralha da China	Raio amarelo da sabedoria (domingo), chakra da coroa	Ajuda as pessoas a serem fiéis a uma convicção ou causa, a superar a ignorância, o orgulho e a estreiteza da mente. Recorra a ele para educação e aprendizado.
Chamuel	St. Louis, Missouri, EUA	Raio rosa do amor (segunda-feira), chakra do coração	Expande a chama do amor. Trabalha com amor, compaixão e perdão. Peça a ajuda dele para esquecer e transmutar antigas convicções.
Gabriel	Monte Shasta, Califórnia, EUA	Raio branco da pureza (sexta-feira), chakra da base	Para clareza, pureza, ordem e disciplina. Traz alegria e graça. Retiro em Findhorn para um despertar purificador.
Rafael	Fátima, Portugal	Raio verde do equilíbrio (quarta-feira), terceiro olho	Ajuda viajantes e agentes de cura. Traz abundância, saúde e cura. Representa a visão e a verdade.
Uriel	Montanhas Tatra, Polônia	Raio púrpura e dourado da sabedoria (quinta-feira), plexo solar	Serve à paz e traz serenidade, fraternidade. Ajuda as pessoas a se libertarem de medos e desejos.
Zadkiel	Cuba	Raio violeta da transmutação (sábado), sede da alma	Transmuta as energias baixas, ajuda com perdão, diplomacia e tolerância. Saint-Germain conseguiu-nos a chama violeta que nos permite deixar a Terra e ascender. Zadkiel trabalha com a chama violeta.
Metatron	entra por Findhorn		Verdade. Honestidade com nós mesmos e com os outros.

Na segunda noite, ela sabia que tinha de estar muito calmamente deitada, embora ninguém lhe dissesse para fazer assim. Uma grande energia fluiu através dela, e as partes de seu corpo em que ela algum dia sentira dor começaram a doer. Ela sabia que era uma desobstrução.

Na terceira noite, sentiu seu cólon ser levantado, e dois terços dele foram preenchidos com luz. Desde então ela consegue comer saladas e outros alimentos que antes simplesmente não conseguia digerir.

Nunca subestime a extensão da ajuda que está disponível para você.

O retiro do Arcanjo Miguel fica em Banff, perto do Lago Louise, no Canadá. Ele trabalha com o Primeiro Raio, que é azul, e seu dia é terça-feira. Você pode chamá-lo também na hora da morte, para que o conduza em segurança a seu lugar certo.

O Arcanjo Metatron trabalha, o mais das vezes, em outro universo, razão pela qual seu retiro etéreo não fica por aqui. Ele entra por Findhorn, local em que a energia está resplandecendo e que se tornará cada vez mais um portal de entrada. Se você quer mesmo trabalhar honestamente consigo próprio, chame o Arcanjo Metatron para ajudá-lo. Ele lida com a honestidade em todas as suas formas e o ajudará a ser honesto consigo mesmo e com os outros. De acordo com Kumeka, a mais maléfica de todas as influências sobre a humanidade é a nossa capacidade de nos iludir.

25

Mestres Ascensionados

Os Mestres Ascensionados são nossos irmãos mais velhos, almas altamente evoluídas, também conhecidos como Iluminados ou Eleitos. Os que têm encarnado na Terra têm sido grandes mestres, profetas, líderes ou artistas criativos. Sendo muito mais evoluídos do que nós e, por essa razão, tendo uma compreensão divina, agiram e falaram de modo diferente da média dos seres humanos. Em decorrência disso, muitos deles foram martirizados, ridicularizados e condenados à morte. Apenas posteriormente vieram a ser divinizados ou passaram à condição de santos. Eles pavimentaram o caminho para nós, e podemos ter certeza de que, quando chegar a nossa vez de ascender, teremos um caminho mais fácil.

Para ajudar-nos neste momento, muitos dos Mestres Ascensionados estão se comunicando telepaticamente com pessoas cujas vibrações sejam elevadas o suficiente para receber suas mensagens. À medida que mais indivíduos se tornam iluminados e se dedicam ao caminho espiritual, os Iluminados podem imprimir ou canalizar por meio deles grandes ondas de luz, de esperança, inspiração e verdade. Quando estivermos prontos para a responsabilidade inerente ao trabalho com os Iluminados, eles nos guiarão e prestarão auxílio à nossa evolução. No passado, isso só acontecia a muito poucos, que estavam conscientes e eram suficientemente puros para sintonizar-se com a transmissão dos Mestres. Hoje isso está disponível a nós, tão logo elevemos nossa freqüência vibracional a uma altura suficiente.

El Morya está trabalhando bastante próximo da Terra para nos ajudar neste período cheio de mudanças. Ele pertence à Grande Fraternidade Branca e é o Chohan do Primeiro Raio, vermelho, que é o raio da vontade, do poder e da ação. Embora ele seja de Mercúrio, teve também muitas encarnações na Terra. Foi Melquior, um dos Três Magos do Oriente; Abraão, fundador da religião judaica; o rei Salomão e o rei Artur.

El Morya trabalha numa das três divisões principais da Hierarquia Espiritual, conhecida como o Manu, que é dirigida por Allah Gobi. As outras duas divisões principais são a Divisão de Cristo, dirigido pelo Senhor Maitreya, e a Divisão do Mahachohan, dirigida por Saint-Germain, que a assumiu recentemente.

Existem atualmente milhares de Mestres Ascensionados de diferentes culturas e de várias partes dos universos, alguns deles trabalhando especificamente para o nosso planeta.

Uns poucos, como o ***Senhor Kuthumi***, estiveram na Terra muitas vezes em missões especiais. Como Pitágoras, ele foi um filósofo que introduziu os conceitos da geometria sagrada, das matemáticas mais elevadas e da música das esferas. Foi um dos Três Magos do Oriente que seguiram a estrela para encontrar Jesus após seu nascimento. Reencarnou rapidamente como João, o Amado. Durante uma encarnação na Índia, como Shah Jahan, construiu o Taj Mahal. Talvez a mais conhecida de suas encarnações tenha sido a de São Francisco de Assis. Com El Morya e Djwhal Khul, também trouxe a teosofia para o mundo.

Kuthumi é o Mestre ou Chohan do Segundo Raio, que é de um azul-escuro e incorpora as qualidades de amor e sabedoria. Faz parte da Fraternidade do Manto Dourado, Grandes que se encarregam da dor no mundo. Nos planos interiores, no etéreo acima de Caxemira, o Senhor Kuthumi tem um enorme *ashram* para estudantes, já que ele está muito comprometido a ajudar nosso planeta a evoluir agora. Ele tem também uma Câmara de Luz no etéreo, acima de Machu Picchu, para ajudar nosso entendimento. Seu título é Professor do Mundo. A exemplo de Jesus, o Cristo, Kuthumi teve como professor o Senhor Maitreya, que é o Cristo Planetário e dirigente da Hierarquia Espiritual.

Serapis Bey é originário de Vênus. Foi sacerdote na Atlântida e Mantenedor da Chama Branca. No Egito, foi Akenaton (Amenófis IV). Serapis Bey foi Chohan do Quarto Raio, trazendo luz para a humanidade por meio das artes, tarefa à qual ainda se dedica. Passou agora para o Terceiro Raio, persuadindo as pessoas a usar seus processos mentais para conseguir fundar a Vontade de Deus na Terra. Além disso, trabalha com o Serafim na evolução dévica e angélica.

Hilarion é o Chohan ou Mestre do Quinto Raio, de cor laranja. Está trabalhando para fazer com que a Nova Era venha a acontecer. Ele nos ensina a usar nossos poderes mentais e a levar adiante desenvolvimentos científicos, lançando embriões de idéias científicas em mentes adequadamente receptivas. Em vidas passadas, esteve encarnado na Atlântida, onde trabalhou no Templo da Verdade. Numa outra vida, sua orientação aos Iniciados estabeleceu o Oráculo de Delfos na Grécia. Também foi Paulo, o Apóstolo. Orienta qualquer pessoa que estiver espiritualmente desapontada ou desiludida.

Hilarion trabalha junto de ***Mestre Marco***, que representa a mais alta confederação galáctica do nosso sistema solar. A capital do sistema solar fica em Saturno. Ele é também o negociador na Terra do Conselho de Saturno, fazendo com que permaneçamos conectados à nossa viagem espiritual.

Jesus Cristo, ou ***Sananda***, como é conhecido nos planos interiores, é o mais conhecido e amado de todos os Iluminados. É um dos doze filhos/filhas de Deus e o único a encarnar em nosso planeta. De acordo com a literatura mais esotérica, ele teve vidas passadas como Adão, Enoque, Jeshua, Josué, Elias e José do Egito. Norma Milanovitch afirma, em *The Light Shall Set You Free*, que ele veio de Vênus sem karma para resolver, e que depois de Sua crucificação encarnou como Apolônio de Tyana, um grande Mestre, continuando a ensinar as Leis Divinas. Jesus nasceu como resultado da imaculada concepção, a forma do pensamento espiritual de Deus implantado de maneira não-física em Maria, sua mãe. Tornou-se um alto sacerdote na Ordem de Melquisedeque. Durante os últimos anos de sua vida foi encoberto pelo Senhor Maitreya; em outras palavras, o Senhor Maitreya trabalhou por intermédio dele. Jesus passou por sua quarta iniciação na cruz, o que fez com que o Senhor Maitreya tivesse ao mesmo tempo sua sexta iniciação.

Raramente percebemos quanto o nosso crescimento depende do crescimento da Hierarquia Espiritual e Angélica. Recentemente têm havido grandes mudanças nas posições daqueles que estão na Hierarquia Espiritual, e espero que a razão disso seja porque nós na Terra, depois de muito tempo, estamos saindo das sombras, assumindo a responsabilidade por nossa vida e elevando nossas vibrações de luz. Isso significa, automaticamente, a promoção dos que se encarregam de nós.

Jesus é atualmente o Chohan do Sexto Raio, índigo, que é o raio da devoção, da religião e do idealismo. Esse raio veio à Terra há 2.000 anos para trazer a energia com o Cristo corporificado. Agora ele está se afastando de nós à medida que vai deixando de ser necessário. Na Nova Era, haverá mais ênfase no Sétimo Raio, requerendo nosso poder e unicidade com o espírito. Diz-se que Jesus já há algum tempo está pronto para passar adiante em sua jornada espiritual, sendo porém contido pelas carências da humanidade. Ficou até agora por causa de seu grande amor pela humanidade.

Saint-Germain também teve muitas encarnações aqui para trazer luz ao nosso planeta. Ele foi Samuel, o profeta, José de Nazaré, Santo Albano, Proclo, o grande filósofo grego, Merlin, o Mágico, Cristóvão Colombo e Francis Bacon. Como Christian Rosenkreutz, fundou a ordem Rosa-Cruz. Foi o Chohan do Sétimo Raio, que é o raio violeta. Como resultado de sua intercessão em nosso favor, trouxe-nos a Chama Violeta da purificação, a que podemos todos acessar para acelerar nossa Ascensão. Recentemente, tornou-se o Senhor da Civilização.

Mãe Maria é mais comumente conhecida como a Virgem Maria. Protege todas as mulheres e crianças e, por causa de sua grande compaixão, é chamada para interceder em curas. Antes de encarnar e durante sua vida, foi especialmente treinada para ser mãe de Jesus, o Cristo. Durante toda a sua infância esteve em contato com anjos e foi guiada por eles. Numa encarnação passada, foi Ísis, do Egito, instruindo os Iniciados nas escolas dos mistérios.

Quan Yin é a contrapartida oriental de Mãe Maria, trabalhando conosco para equilibrar a energia feminina do planeta.

Pallas Athena foi uma das altas sacerdotisas na Atlântida e conselheira superior na Lemúria.

Sanat Kumara é o Logos Planetário, o chefe do universo, o maior dos Avatares. Originário do planeta Vênus, tem um lugar no etéreo sobre o deserto de Gobi. Jamais viveu em corpo físico na Terra, mas tem sob sua responsabilidade a evolução de tudo e de todos na Terra: minerais, plantas, animais e humanos. Sua chama gêmea é a Senhora Vênus.

Vywamus é o Eu Superior de Sanat Kumara. Sua Luz, com Djwhal Khul, iniciou a Fundação Tibetana. Parte de seu trabalho na Terra é ajudar-nos a dissolver todas as idéias e convicções falsas.

Djwhal Khul é descrito muitas vezes como O Tibetano, porque ele e Vywamus iniciaram a Fundação Tibetana. Djwhal Khul é mais conhecido por seu trabalho, junto de Alice Bailey, de trazer incríveis informações esotéricas. É o braço direito do Senhor Kuthumi e agora leciona aos alunos de Kuthumi. Foi um dos Três Magos do Oriente que seguiram a estrela para encontrar Jesus, o Cristo.

Adônis é um Ser imenso. Foi o professor de Sanat Kumara.

Chefe Ashtar, comandante da Frota Intergaláctica, pertence à Hierarquia do Grande Sol Central.

Esses são alguns dos Mestres Ascensionados. Você pode chamá-los para pedir ajuda.

26

Câmaras Ascensionais

No etéreo do planeta Terra, ou seja, nos etéreos que estão além do planeta físico e por toda a parte pelas galáxias, há Câmaras Ascensionais — ou Câmaras de Luz — , e podemos pedir para ir até elas em meditação ou durante o sono. Uma vez lá, estaremos na energia do Mestre em comando. Nosso quociente de luz será aumentado, e nossos corpos físico, mental, emocional e espiritual estarão fortalecidos e equilibrados.

Visitando essas câmaras em nossos sonhos ou meditações, podemos acelerar enormemente nosso grau de crescimento espiritual.

A primeira vez que me defrontei com o conceito de Câmaras Ascensionais foi lendo o livro *The Complete Ascension Manual*, de Joshua Stone.* Fiquei tão excitada que todas as noites eu pedia para visitar aquelas que me atraíam.

Quando falei a Kumeka sobre isso, ele sugeriu-me que eu visitasse a câmara do Senhor Kuthumi no etéreo, acima de Machu Picchu, por ser próxima da Terra e portanto mais fácil de se ter acesso. É uma Câmara de Luz que ajuda o entendimento.

O Senhor Kuthumi tem também um *ashram* para ensinamentos no etéreo, em Caxemira, para pessoas encarnadas que realmente precisem de inspiração.

---

* Publicado pela Editora Pensamento com o título de *Manual Completo de Ascensão.*

Tão logo comecei a pedir para ir ao *ashram* do Senhor Kuthumi em Machu Picchu durante a noite, acordei nas primeiras horas da madrugada com sonhos e impressões.

Kumeka contou-me que você só visita a Câmara Ascensional e aprende ou vive a experiência do sentido dessa viagem caso acorde com um sonho.

É um sinal de um novo nascimento dentro de você.

Aqui estão alguns fragmentos do que registrei à noite após minhas visitas.

"Mais uma vez acordei com um sentimento de alegria e paz. O tempo é de igual valor. Nenhuma pessoa vale mais do que outra."

Por muitos anos venho tendo uma visão de criar uma comunidade ecológica espiritual. Certa noite foi-me revelado isto em sonho:

"Afaste-se daqueles de consciência mais baixa e não caminhe com eles. Deixe-os aprender com a sua luz. Você está criando a Vila Comunitária 2000, e o lema para a sua comunidade é "Crescemos em Serviço". Quando estamos na quinta dimensão, o Paraíso está aqui na Terra conosco."

Noite após noite, acordei com uma alegre sensação e orientação, de confiança renovada na comunidade e informação sobre ela. Algumas noites depois, escrevi o seguinte:

"Eu estava desenhando mentalmente o contorno de uma estrela ou flor, inspirando e expirando atentamente cada um de seus lados. Isso é parte do processo de manifestação. O próprio senhor Kuthumi estava nos ensinando."

Decidimos chamá-la de Centro da Estrela, nome que com o tempo passará a Vila da Estrela.

Na noite seguinte, às duas horas da manhã, escrevi:

"Acordei com uma forma de estrela central zunindo e cintilando brilhantemente. É a comunidade. Sou um ser que recebe força e inspi-

ração dos Mestres que já caminharam na vila na quinta dimensão. Sinto que estão ensinando símbolos. Os símbolos serão um meio muito importante de divulgar informação. Assim como os cartazes com dizeres inspirados, os símbolos têm de ser atraentes, em particular para que muitos visitantes os vejam. Flores vermelhas energizam a atividade do símbolo. Cada mensagem simbólica terá uma cor para energizá-la, e essas cores podem ser sugeridas por flores. A criatividade dentro da vila é importante. Uma equipe forte está sendo ativada, mas algumas relutam em despertar."

Duas noites depois, acordei com formas geométricas sagradas em minha cabeça e com sons dos anjos cantando.

Outro registro afirma:

"Acordei e comecei a ser arrastada de volta, e é provável que estivesse quase lá quando fui acordada por um assobio estridente. Disseram-me: 'Você não pode voltar. Isso a desorientaria.' Ainda guardo a imagem da beleza dos céus, uma abóbada de estrelas. Tínhamos uma conferência sobre pirâmides. Esse trabalho noturno é tão importante que tenho de ir para a cama mais cedo."

Certa noite, em meu estado de sonho, contaram-me algo impressionante:

"O Conselho dos doze que juntos controlam a comunidade farão surgir uma luz quinhentas mil vezes maior do que as luzes individuais, e a luz da comunidade como um todo será um milhão de vezes maior do que a dos indivíduos. Vocês estão para criar um novo e poderoso turbilhão de luz. Vocês todos receberam as chaves para a ascensão. O que estamos dando a vocês é uma chave-mestra para ajudar muitas e muitas pessoas a ascender."

Um dia Kumeka me contou que viajar à Câmara Ascensional do Senhor Kuthumi no etéreo de Machu Picchu seria algo bom para elevar meu quociente de luz, mas que seria ainda mais importante para mim viajar durante a noite ao retiro do Arcanjo Gabriel, a fim de purificar-me. Assim, os sonhos e a informação sobre a comunidade pararam quando comecei outro trabalho.

O próprio Senhor Kumeka tem um retiro no etéreo acima de Caracas, na Venezuela. Ali ele ajuda os que buscam se libertar de padrões mentais limitativos, experimentar uma limpeza mais elevada e encontrar alegria. Ele é incrivelmente poderoso, e o fato de essa energia ser finalmente capaz de penetrar em nosso sombrio planeta é maravilhoso.

Existem duas Câmaras Ascensionais no Reino Unido, uma sobre o impetuoso rio Findhorn, que está sob os cuidados do Arcanjo Gabriel, e outra em Avebury.

Se você esteve fisicamente em determinado lugar ou gostaria de ir até lá, isso é um sinal de que você está ligado àquela Sede Ascensional e ao Mestre dela encarregado. Alguns meses antes que Kumeka sugerisse que eu poderia visitar a sede de Kuthumi em Machu Picchu, estive de férias no Peru e visitei esse local sagrado dos incas.

Eis aqui algumas outras Câmaras de Ascensão que podem interessá-lo:

- Sanat Kumara tem uma Câmara de Ascensão em Shamballa.
- Serapis Bey tem uma em Luxor.
- Existe uma Câmara de Ascensão na Grande Pirâmide de Gizé, na câmara do Rei.
- Há uma no monte Shasta, na Califórnia.
- A nave espacial do comandante Ashtar fica numa Sede Ascensional, e há uma Sede Ascensional num subterrâneo para embarcações extraterrestres na África.

Tente entrar em contato com as que estejam ligadas à Terra antes de tentar viajar às intergalácticas.

Exercício — Para visitar uma Câmara Ascensional

1. Durante o dia, antes de sua visita, prepare-se com pensamentos puros, exercício, alimentação e intenção luminosas.
2. Deixe papel e caneta de prontidão, ao lado de sua cama, para escrever quaisquer impressões ou informações.
3. Quando for para a cama, mantenha firme o pensamento de visitar a Câmara Ascensional que você escolheu e peça para ser levado até lá. Você também pode pedir para visitar a Câmara Ascensional durante a meditação.

27

Decretos

A energia universal é totalmente impessoal. Ela o impele em 100%. Se você escolhe choramingar e esperar pouco, isso o ajudará a ser co-criador de uma carência em sua vida. Se você é forte, sensível, entusiasmado e espera grandes coisas, a Fonte estará a seu favor, abrindo portas e dando oportunidades para você criar grandes coisas.

Assim na Terra como no Céu. Se uma criança pede alguma coisa a seus pais, achando que eles responderão negativamente, ela está dando um tiro na água. É por isso que muitas pessoas pensam que oração é pedir a Deus alguma coisa com a crença e a expectativa subjacentes de que Ele dirá não. Pedir implica a possibilidade de o pedido ser recusado. Isso absolutamente não é oração. É esperar ou desejar.

Se alguém decide claramente o que quer, elabora uma proposta de primeira linha e apresenta-a a seu responsável esperando pleno apoio e concordância, ele receberá tudo o de que precisa para fazer o plano concretizar-se. Da mesma forma, Deus responde à sua energia e ajuda-o a ser co-criador de sua vida. Assim, orar é dizer a Deus o que você precisa e esperar que seja divinamente providenciado.

Há um outro aspecto relacionado à oração. Enquanto você está esperando que sua oração seja atendida, espera-se de sua parte que você aja como se ela já tivesse sido atendida. Isso é fé. Imagine você encomendando cortinas novas em uma loja. Enquanto espera a entrega, você lava a pintura e limpa as janelas, preparando-as para a colocação das cortinas. Você age como se as cortinas estivessem para chegar.

A Lei do Decreto é semelhante à Lei da Oração, mas em vez de encomendar alguma coisa e esperá-la chegar, você comanda, tal como um Mestre. Você fala ao telefone diretamente com o gerente, e sua encomenda é agilizada imediatamente. Quando você decreta, você comanda as Energias Universais para que trabalhem a seu favor.

Outra analogia para ilustrá-lo seria a seguinte: um soldado vai até seu oficial com um bom plano e deixa tudo pronto para o carimbo entrar em ação. Isso é oração. Um chefe dá as ordens, e só o próprio rei tem o poder de contra-ordenar. Isso é decreto.

Quando escolhemos encarnar na Terra, fizemos um acordo com os poderes, pelo qual poderíamos assumir o comando de nossa vida mediante o direito de decretar. Assim, ao ativar a Lei do Decreto, você põe forças imensas em movimento. Grandes Seres atuam em seu favor. Montanhas são removidas. É um meio rápido e eficaz de ter acesso à ajuda das forças da luz.

É algo tão poderoso, que é aconselhável que você tenha cautela. Decrete somente alguma coisa que seja para seu mais elevado bem e para o mais elevado bem de outra pessoa. Quando você faz um decreto, as coisas começam a se mover na sua vida. Na verdade, se as montanhas precisam ser removidas, talvez antes seja preciso tirar as pequenas colinas do caminho.

Às vezes pergunto às pessoas se elas estariam prontas para decretar "Seja feita a Vossa vontade" em sua vida. O pânico no rosto de algumas pessoas quando consideram as possíveis conseqüências desse decreto seria cômico se não fosse trágico, pois de que adianta termos a Ascensão como objetivo se nossa vontade não está sintonizada com a Vontade Divina?

Uma mulher contou-me que ela e sua mãe estavam medindo forças já há muitas vidas, e disse que agora era tempo de parar, não importando o quanto isso custasse. Ela decretou que seu relacionamento com a mãe fosse curado. Mais tarde, escreveu-me contando que já havia voado duas vezes ao redor do mundo para ver a mãe, o que ela certamente não pretendia ao fazer o decreto. Para seu deleite, ela e sua mãe estavam realmente próximas e, depois de tudo o que havia acontecido, compreendiam-se uma à outra.

Um homem decretou que todos os seus dons psíquicos e espirituais retornassem agora para ele. Ele começou a desabrochar como uma flor. Eu até gostaria de fazer um decreto semelhante, mas por prudência não o fiz. Consultei Kumeka, que sugeriu o seguinte exercício preliminar antes de se fazer um decreto desse tipo.

Exercício para limpeza do terceiro olho

1. Disponha as mãos em forma de concha e imagine que estão sendo preenchidas por uma luz dourada.
2. Mantenha as mãos em concha sobre seus olhos, como se os estivesse banhando.
3. Enquanto banha os olhos na energia dourada, afirme que toda a negatividade no terceiro olho está sendo liberada agora e dissolvida na luz.
4. Visualize as lentes do terceiro olho sendo enxugadas e polidas, para que você possa ver claramente.

Quando você está pronto, o universo lhe dá guarida e o empurra para a frente. Num dos meus *workshops*, uma mulher decretou a intenção de usar seus dons e talentos na mídia. Daí a algumas semanas, uma rede de TV telefonou-lhe do nada, convidando-a para ser a apresentadora de um de seus programas.

Devido a seu poder, e porque temos apenas uma parte do quadro geral, é prudente fazer seu decreto sob a Lei da Graça. Suas intenções podem ser puras, mas na Terra vemos somente uma parte do todo. A Lei da Graça assegura que tudo o que acontecer será para o mais elevado bem comum e permite que as forças da luz prevaleçam sobre seu decreto se houver algo melhor que possa acontecer. Esse é o único senão.

Por exemplo, se você telefonou diretamente para o gerente para fazer uma encomenda e foi insistente, você terá o que encomendou. A graça assegura que se o gerente tiver consciência de que algo muito melhor para você está para ser introduzido no mercado, você receberá o melhor, ainda que demore. Fazendo uso da graça, é certo que você e qualquer outra pessoa conseguirão o melhor. De modo semelhante, na qualidade de comandante, você pode estar pronto para pôr suas tropas em ação, mas o rei pode saber que um tratado está para ser assinado, e portanto que um outro curso de ação seria melhor. Assim, faça seus decretos sob a Lei da Graça.

Você não iria a parte alguma usando a linha direta com o gerente para choramingar dizendo querer alguma coisa. Suas tropas não confiariam em você se recebessem uma ordem de cuja sensatez você próprio duvida. Suas palavras têm de ser ditas com autoridade e pulso.

De acordo com a lei espiritual, você deve fazer seu decreto três vezes.

Exemplos

- "Pela Graça Divina em nome de Deus e sob a Lei da Graça, peço que........................Que assim seja." (Diga três vezes)
- "Pela Graça Divina, em nome do Amor e da Luz, sob Graça, ordeno que........................Está consumado." (Diga três vezes.)

Ao terminar de fazer seu decreto, deixe-o completamente de lado. Você não precisa repeti-lo. Se for para o mais elevado bem geral, os reinos espirituais o farão acontecer, e você terá de perceber os sinais. Enquanto isso, relaxe e goze a vida.

Exercício

Decrete que a Vontade Divina seja feita em sua vida. Para esse decreto, você não precisa da Lei da Graça!

1. Ponha-se na frente de um amigo ou, melhor ainda, de um grupo de pessoas.
2. Certifique-se de estar com a cabeça ereta e os ombros para trás. Você está comandando o universo.
3. Afime em voz alta e com autoridade: "Em nome de Deus e de tudo o que é Luz, Decreto agora que seja feita Vossa Vontade em minha vida." Repita ainda duas vezes.
4. Faça então outros decretos para os quais você esteja pronto.

28

O Antakarana

Imagine continentes separados por oceanos. Num continente está a personalidade do discípulo, e no outro está a alma — ou Eu Superior. Se a personalidade não tem interesse por uma vida espiritual, ela vaga isolada pelo seu continente. Todavia, quando ouve o chamado para o despertar, ela é motivada a ligar-se à alma. Começa então a construir uma ponte de prática espiritual sobre o oceano. Instaura uma linha telefônica para comunicar que está chegando.

A alma ouve e observa para avaliar se o discípulo é sério e, quando ele realmente fizer progressos na construção de sua ponte, ela começa a construir uma ponte a partir de sua extremidade, de modo que ambas possam se fundir.

Quando a alma e a personalidade chegam a juntar-se, elas comunicam sua intenção de se conectar à Mônada. Começam então a construir uma ponte nessa direção. Então, a mesma coisa acontece. Tão logo se dedicam a seu propósito espiritual e começam a trabalhar na nova ponte, a Mônada, ou Pai, amorosamente a constrói a partir de Sua extremidade para encontrá-las. Primeiro ambas as pontes se encontram, depois se fundem numa só, que é a Ascensão.

A partir daí, é claro, o Mestre Ascensionado começa a construir uma ponte em direção à Divindade.

Assim, o antakarana é uma ponte irisada construída entre a personalidade, a alma e a Mônada, e então para Deus. A ponte é construída com oração, disciplina mental, visualização, meditação e outras práticas espirituais. A invocação da energia Mahatma acelera o processo.

Quando o discípulo se põe a fortalecer o fio em direção à alma, é a vibração espiritual de seu trabalho que torna o fio mais espesso. Primeiramente os corpos físico, emocional, mental e espiritual têm de estar integrados. Em outras palavras, não estamos mais enamorados da satisfação puramente física e material, nem dos prazeres sensoriais. Começamos a controlar nossas emoções. Usamos a força de vontade para disciplinar a nós mesmos, em vez de medir forças com os outros. Estamos interessados em adquirir conhecimento espiritual.

Quando nosso desejo de ser realizados em Deus é mais importante do que as tentações da vida, quando não podemos mais ser desencorajados ou desviados do nosso trajeto espiritual pelos outros, estamos em nosso caminho, e a ponte é projetada em direção à alma.

A alma está sempre ligada por um cordão à glândula pineal do discípulo, e a ligação é fortalecida pelo conhecimento e pelo uso apropriado da mente. O cordão é uma ligação mental e espiritual.

Assim como existe um fio que sai da alma para o discípulo, da mesma forma o cordão de prata liga nossa Mônada a nosso centro do coração. O cordão de prata é ativado e fortalecido com a energia do amor espiritual. Os sensitivos sempre dizem que quando a morte ocorre o cordão de prata se rompe e o espírito pode retornar à Luz Divina, que é a Mônada.

Assim, na quarta iniciação, a alma funde-se com a personalidade, que então é guiada pela Mônada. Na quinta iniciação, as três pontes de corda combinam-se bem para formar uma ponte de luz, e há um encontro entre a personalidade infundida na alma, o Eu Superior e a Mônada, que se integram completamente na sexta iniciação, e o corpo se transforma em luz. O iniciado torna-se agora um Mestre Ascensionado e pode começar a construir a ponte para Deus.

O antakarana é a ponte de luz que permite nosso movimento em direção à Mônada. É o único caminho para a liberdade. Construímos o antakarana no decorrer de vidas. No presente momento, há grandes oportunidades e muita ajuda espiritual disponível para nos tornarmos capazes de completar o trabalho e de nos fundir com a nossa Mônada. Tudo está se acelerando.

De acordo com Alice Bailey, há seis passos necessários para construir o antakarana.

---

1. ***Intenção***. Você tem de se concentrar na sua intenção de se realizar em Deus. Na verdade, é a única finalidade de nossa jornada aqui na Terra, e por isso você tem de continuar determinado e dedicado à sua tarefa. Todos os tipos de coisas procurarão tentá-lo ou pô-lo fora de seu caminho, mas as recompensas para completar a ponte são importantes demais para você se deixar desviar. Se você está construindo seu antakarana, está numa missão especial. Se você desanimar, tente, tente e tente novamente.
2. ***Visualização***. Seu maior poder é a imaginação. Use sua imaginação para concentrar-se na sua ponte de luz. Todas as visualizações presentes neste e em outros livros espirituais o ajudarão a fortalecer seu liame com Deus.
3. ***Projeção***. Para realizar seu objetivo você precisa usar sua força de vontade. Isso significa que, custe o que custar, você tem de imaginar seu objetivo e persegui-lo. Manter-se em comunicação com a força que está na outra extremidade deverá ajudá-lo. Por isso, mantenha abertas as linhas de comunicação e diga-lhes constantemente que você está chegando. Usar os mantras sagrados com intenção e visualização concentrada é um bom meio de fazê-lo.
4. ***Invocação e evocação.*** A invocação, a oração e o trabalho espiritual constante por parte do discípulo evocam uma resposta da Mônada. Lembre-se de que você não está sozinho. Você não está fazendo o trabalho sozinho. Para cada passo que você der em direção à Mônada, o Pai estará dando dois na sua direção. Quando lhe parecer que você se arrasta lentamente e com dificuldade, ultrapassando testes e obstáculos, sentindo que jamais chegará ao fim do caminho, lembre-se de que as forças da luz seguem a cavalo para alcançá-lo. Elas estão em seu próprio caminho.

5. ***Estabilização.*** No começo, o antakarana é frágil como um fio. Gradualmente, pelo viver espiritual e pelas disciplinas espirituais, você tecerá a luz fio por fio, até que a ponte esteja larga, forte e inquebrável.
6. ***Ressurreição.*** Enquanto a personalidade se movimenta em direção à vida espiritual, há três consciências separadas. Após a fusão entre personalidade e alma, há dualidade. Quando a alma e a Mônada se fundem, há unicidade. Isso acontece quando deixamos toda a separação e nos tornamos luz. Tornamo-nos imortais. Tenha isso sempre em mente enquanto constrói seu caminho de luz.

Enquanto construímos nossa ponte antakarana individual, contribuímos com um fio para o antakarana planetário, que liga a Terra ao esquema cósmico das coisas.

Exercício — Visualização

1. Relaxe seu corpo inteiro.
2. Imagine um fio-terra de 20 cm de diâmetro, como um cano, descendo para o centro da Terra. Essa é a base de sua ponte.
3. Prolongue o cano, seu canal, desde os chakras até a estrela da alma acima de sua cabeça. Veja isso como uma grande luz acima de você.
4. Para a sua alma afirme a intenção de construir a ponte antakarana por meio de um trabalho espiritual.
5. Visualize o cano ou canal estendendo-se pelos chakras acima de você até a alma.
6. Agora você está construindo seu canal para a Mônada. Declare para a sua Mônada suas aspirações e intenções espirituais, e seu desejo de servir.
7. Imagine o antakarana — uma ponte de luz com as cores do arco-íris — estendido pela sua Mônada até a Fonte.
8. Chame os Mestres Ascensionados, toda a Hierarquia Espiritual e os anjos para ajudá-lo.
9. Envie mantras pelo canal.

29

Ritual e Cerimônia

As pessoas nem sempre compreendem o poder do ritual. No entanto, sabem como é difícil quebrar um simples hábito. Estando os hábitos tão profundamente entranhados no subconsciente, cada célula do corpo resiste a mudanças. Da mesma forma, quando estabelecemos um hábito positivo — ou uma disciplina positiva —, aquela área de nossa vida fica muito mais fácil.

O ritual é uma rotina ou hábito, realizado com intenção e concentração, que marca tanto a mente inconsciente quanto o universo. À medida que as pessoas desempenham o ritual, criam uma energia que traz maior força para a sua visão.

Tome o elemento rotina como um ritual. Se você almoça no mesmo horário e na mesma mesa todos os dias, seu corpo enviará mensagens de fome, e você verá suas pernas levando você para aquela mesa. Seu estômago estará pronto e preparado para receber a comida. Esse é o efeito da rotina e do hábito.

Quando você medita no mesmo lugar e no mesmo horário todos os dias, isso é muito mais eficaz do que fazê-lo em horários e lugares diferentes. Quando você se senta em seu lugar demarcado, seu corpo e sua respiração se acalmarão e as ondas de seu cérebro entrarão automaticamente num padrão meditativo.

Uma vez perguntei a Kumeka qual seria a coisa mais útil que eu poderia fazer em meu caminho para a Ascensão, e sua resposta surpreendeu-me. Ele disse: "Mantenha uma rotina." Algumas vezes subestimamos a importância de ter uma boa rotina básica para nosso crescimento espiritual, que pode ser energizado com um ritual.

Quando você começa o dia com um ritual dedicatório, você está contando ao universo o que você quer e tornando-o mais possível. Meu ritual matinal mudou sutilmente no curso dos anos, à medida que eu evoluía, e hoje faço o seguinte: fico de pé e espreguiço-me. Então digo: "Peço à minha Mônada que assuma hoje, com a Fonte, o comando geral. EU SOU Luz, SOU Amor, SOU um puro canal de cura." Balanço os braços para baixo, reúno energia da Terra e elevo-a quatro vezes. Então peço três vezes à minha Mônada para ter acesso ao Raio Dourado de Cristo, para minha total proteção. Depois disso, faço yoga e meditação.

Há tempos atrás eu pediria para ser usada como canal de luz, amor e cura, mas agora tenho o domínio e identifico-me com minha onipotente Presença do EU SOU, que é mais poderosa.

Se você faz alguma coisa de modo consistente durante três semanas, isso vira uma rotina ou um hábito, aos quais podem ser acrescentados um ritual ou mesmo uma cerimônia.

Há alguns anos eu me esforçava para mudar o hábito, profundamente enraizado em mim, de beber um copo de chá todas as manhãs, substituindo-o por um copo de água quente. Por uns tempos, e não importa o quanto isso tenha durado, passei a iniciar meu dia com meio copo de água quente, passando gradativamente para um copo inteiro. Não muito tempo depois, eu não queria beber nada pela manhã que não fosse água quente. Em seguida, desisti completamente do chá e do café, e nunca mais senti sua falta.

Hoje tenho um ritual simples envolvendo minha primeira caneca de água quente. Seguro-a entre as mãos e invoco a Chama Violeta de Saint-Germain para que ela penetre na água, de modo que cada gole possa purificar as células do meu corpo. Quando você abençoa o seu alimento, ele é animado, e toda a energia negativa que lhe foi introduzida antes que chegasse à sua mesa é transmutada. Se você abençoa o alimento no caminho de volta do supermercado, da loja de produtos naturais ou de onde quer que o tenha comprado, ele entrará em sua casa limpo e puro. Na verdade, o que não queremos é a energia de quem manipulou nosso alimento.

A foto Kirlian mostrou que a aura que emana do alimento abençoado é mais clara e brilhante do que a do alimento não-abençoado.

Uma bênção simples é "Peço que este alimento seja abençoado para que os frutos da Terra possam alimentar meu corpo físico e abençoar meu corpo espiritual". É sempre bom entoar Om sobre seu alimento.

Todas as pessoas de vendas sabem que sua atitude afeta as vendas. O próprio ruído das máquinas registradoras quando sem entusiasmo ou otimismo é tão morto quanto o Pai-Nosso resmungado mecanicamente, e é provável que o resultado seja parecido.

Há uma energia envolvendo tanto as palavras que escolhemos quanto o modo como são ditas. É por isso que em todo ritual as palavras são muito importantes. Evite a palavra "não" e use somente termos positivos. Para fazer uma cerimônia, use palavras de poder como mantras e recorra aos grandes Seres de Luz.

O ritual cria uma forma de energia. As pessoas criam rotinas ao deitar-se para ajudar a acomodar suas ondas cerebrais nos padrões do sono. Também é bom estabelecer certos rituais noturnos, e a oração à noite é um excelente ritual. Primeiro agradeça pelo seu dia e por todas as bênçãos recebidas. Então ore pelos outros e, finalmente, por si mesmo.

O uso da oração numa cerimônia torna-a infinitamente mais eficaz e pode invocar grandes forças — sombrias ou luminosas — de acordo com a intenção.

O ritual transforma-se em cerimônia pelo uso de uma determinada música, de velas, incensos, água benta, movimento, dança, canto, cânticos em conjunto, rufar de tambores, cristais. Muitas vezes se usa uma vestimenta específica.

As cerimônias costumam incluir palavras de uma forma específica, que possuem então sua própria energia para invocar os poderes. Todos os cânticos, mantras e palavras sagradas valorizam a cerimônia.

Os elementos do fogo, da água, do ar e da terra são usados em toda uma variedade de cerimônias — por exemplo, a água é usada em batismos e batizados, o fogo em serviços fúnebres de muitas culturas, a terra em serviços de sepultamento (o ar é representado pela oratória).

Em muitas tradições, as pessoas dançam para elevar a energia necessária para dar poderes à cerimônia.

O ritual adiciona poder às ações. A cerimônia adiciona poder ao ritual. Ela também ata energias em grupo.

Dias especiais têm poderes especiais. Os dias sagrados de cada cultura têm sua própria energia que faz com que o trabalho cerimonial funcione daquela vez de forma muito mais eficiente. O trabalho espiritual feito na fase da Lua cheia tem impacto maior do que em outras fases.

A meditação feita em grupo num dia especial pode colaborar para nosso processo de Ascensão muito mais do que três meses de meditação em períodos normais.

Quando transforma um ritual em cerimônia, você chama forças poderosas sem saber quais forças está desatando. Certifique-se de que a intenção e a dedicação sejam as mais elevadas e puras, pois a força da cerimônia é tremenda.

30

Armagedon

Você que está lendo este livro deve estar entrando ou já se encontra plenamente na quarta dimensão e deve saber que a Batalha de Armagedon está acontecendo agora. Aprendemos que serão sete batalhas entre as forças da luz e as forças das trevas, das quais as três primeiras serão vencidas pelas forças das trevas.

Há algumas vibrações muito baixas na Terra — são testemunho disso a ganância e a corrupção, as drogas, a consciência de pobreza e a violência, assim como a energia expelida pela televisão e pelos outros meios de comunicação. O resultado é inevitável. O fluxo já mudou de direção. Os anjos estão congregando-se aqui, sendo registrados e reconhecidos. Almas antigas e iluminadas estão entre nós, e despertando. Os livros sobre desenvolvimento pessoal e espiritual têm uma grande aceitação. As pessoas estão recorrendo a aconselhamentos e terapias para compreender sua dor e livrar-se dela. Sementes estelares deste e de outros universos estão vindo diretamente para a Terra e personificando-se. Pessoas de elevada vibração encontram-se hoje na Terra.

Cada pouco que você faz para elevar a luz acelerará a Vitória.

Cerca de 99% das pessoas no planeta são terráqueas, isto é, tiveram todas as suas encarnações nesta realidade tridimensional, e ainda estão aprendendo sobre o amor e a luz. A maioria delas evoluiu no curso de milhares de encarnações e vem conhecendo um árduo caminho. Elas têm agora essa incrível oportunidade para libertar-se daquilo que as confina à terceira dimensão e para mover-se diretamente para a Ascensão.

O restante 1% são sementes estelares que têm vindo como visitantes de outros planetas e galáxias para ajudar-nos agora. Muitas sementes estelares encarnaram antes para ajudar-nos em tempos de mudança, mas, na qualidade de visitantes, a maior parte não adentrou as trevas do planeta de maneira tão profunda e tem relativamente pouco karma a resolver. Digo "relativamente" porque é muito fácil sujar-se em águas escuras.

Por exemplo, conforme mencionei, Shaaron e eu somos da mesma Mônada e, por essa razão, somos do mesmo lar. Embora não tenhamos nossa origem neste universo, Shaaron veio para a Terra seis vezes, e eu visitei o planeta 26 vezes. Ambas estamos aqui para evoluir, para aprender nas circunstâncias desafiadoras da Terra, para lidar com o karma e, o mais importante, para ajudar o planeta.

Todos, tanto terráqueos como sementes estelares, são trabalhadores da luz. Todos desejam retornar a Deus. Muitos que chegarem a ler este livro serão sementes estelares, cujo propósito de encarnar agora é ser uma luz para os demais. Sementes estelares estão ligadas de modo consciente ou inconsciente aos Mestres Ascensionados. Antes de entrar foram ordenados e concordaram com o papel que lhes coube; em outras palavras, fizeram contratos etéricos. Todas as sementes estelares estão aqui para ajudar o planeta a realizar seus acordos pré-vida.

A Terra é um pouco como uma empresa multinacional em crise. Os terráqueos trabalham para a empresa, e espera-se deles que trabalhem em conjunto, mas ocorre que eles não negociaram contratos para uma parte específica do trabalho. As sementes estelares são os hábeis empreiteiros e especialistas na solução de problemas que foram contratados para uma parte específica do trabalho. Como ocorre em todos os contratos, as penalidades por infringir o acordo são terríveis, e nesse caso não há cláusulas de rescisão.

Para abalar densidades antigas, crenças enraizadas e traumas, os Seres Elevados estão enviando vagas energéticas de luz de alta voltagem para o planeta. É claro que sempre houve fluxos extras de consciência divina, mas eles costumavam ser raros. Agora eles pulsam por todo o planeta a cada seis semanas ou algo assim.

Essas vagas de luz, como todo prana, contêm símbolos e códigos para desvendar lembranças e informações específicas dentro de nossa consciência.

Muitas pessoas que acham que estão gripadas, exaustas ou com alguma fraqueza, estão na verdade resistindo a um fluxo energético. Se você se sente excessivamente tonto, gripado ou sem poder dormir, dê-se tempo e espaço para descansar e permita à luz, de posse de novos símbolos, descongestioná-lo e destravar sua consciência para verdades mais elevadas.

Se essas vagas coincidirem com uma Lua cheia, é claro que elas ganham mais força.

É isso que a carga energética divina de alta voltagem está fazendo. Está trazendo à tona tudo o que falta resolver em seus registros akáshicos. Antigas emoções reprimidas, convicções firmemente estabelecidas e lembranças de distantes vidas passadas estão vindo à tona. Você pode se descobrir tendo um desejo inexplicável de viajar para algum lugar ou de encontrar pessoas novas, com quem você sinta uma tênue familiaridade. Podem aparecer dores estranhas no seu corpo. Quanto a elas, você deve relaxar e procurar sentir também quais são as imagens que vêm à tona.

Todas terão de ser confrontadas e resolvidas.

As pessoas difíceis que entram em sua vida podem estar lhe oferecendo uma oportunidade de ouro para limpar seus registros akáshicos. Por isso, enfrente-as com amor, coragem, compaixão, perdão e compreensão.

As vagas energéticas estão trazendo à tona todas as lembranças celulares que precisam ser limpas e purificadas, e isso remonta à época em que você foi concebido. Somos todos muito bons em suprimir e negar. No entanto, tudo isso precisa vir à tona — toda raiva, dor, frustração, ciúme e sentimentos de inferioridade. Dores antigas e inesperadas estão aparecendo no plano físico. Sensações que você imaginava ter controlado há anos voltam a emergir para ser confrontadas num nível mais profundo. À medida que elas sobem à superfície, passam levemente pelos caminhos antigos, com uma visão de uma perspectiva cósmica.

Se você deixar de enfrentar algo que se apresenta a você, tal coisa lhe será reapresentada de uma maneira dez vezes mais desafiadora.

Uma mulher participava-me que tinha um pai dominador, egocêntrico e autoritário. Ela o via como alguém enorme e todo-poderoso, e sempre estivera aterrorizada por ele. Contou-me que ele a transformara numa manteiga mole e impotente. Um dos desafios de sua vida era lidar com homens autoritários, e ela constantemente se sentia atraída por eles durante sua vida. Ela realizou um trabalho de desenvolvimento pessoal para criar um pai forte, poderoso e protetor, e achou-o bastante útil e eficaz, pois fez com que ela, por alguns anos, deixasse de atrair homens mal-humorados e autoritários para a sua vida. Mas naquele momento, é claro, os testes finais estavam chegando.

Justamente quando ela achava que tinha chegado a um acordo, sobreveio, como que do nada, um telefonema da pessoa com quem estava lidando. Ele transformara-se de um homem agradável e charmoso num monstro enfurecido. Ela reconheceu que a lição vinha a galope na sua direção e trabalhou-a de maneira tão calma e clara quanto lhe foi possível. O tempo dirá se ela passou no teste. Se não passou, em poucos meses outra pessoa daquele tipo aparecerá de repente.

Neste tempo em que vivemos, há mais uma coisa para cujo esclarecimento somos chamados. Estamos sendo chamados para sanar a memória genética de nossa família. Essa é uma grande oportunidade para uma resolução individual, familiar e planetária. É tempo de purificar a memória genética armazenada no DNA por sete gerações. Os pecados dos pais de fato têm passado às gerações seguintes, e o tempo de dar cabo disso é agora.

Você pode ter encarnado na mesma família repetidas vezes e estar se sentindo decididamente enjoado de perpetrar a mesma matéria antiga, de modo que qualquer trabalho que você faça será um alívio geral para a sua alma.

Também pode acontecer de você ter se oferecido para entrar numa família problemática a fim de prestar um grande serviço a seus membros. Assim, se sua família está carregando um miasma de paralisia, insanidade, aborto, violência, assassinato, maus-tratos, doença (câncer, doenças venéreas, tuberculose, cegueira, etc.), mortalidade infantil ou qualquer outro dentre milhares de problemas, está aí uma oportunidade para você realizar um maravilhoso serviço, e serão grandes as suas recompensas. Você libertará gerações passadas e futuras.

Com a costumeira sincronicidade do universo, enquanto eu estava escrevendo este capítulo, veio até mim uma cliente, a quem chamarei de Pam, uma homeopata dedicada ao seu trabalho terapêutico. Era elegante, charmosa e bastante consciente, mas tinha de lidar com um forte miasma de família. Ela sofria de uma doença degenerativa que resultou numa paralisia progressiva. Contou-me que sua mãe sofrera um derrame e ficara paralisada lenta e gradativamente até que, por fim, morreu. Isso causou-lhe uma sensação tão pesada que ela invocou os anjos para ajudá-la. Eles disseram que seu coração precisava de purificação. Procuramos ver então o que estava bloqueando seu coração e revelou-se que ela havia passado por um aborto muitos anos antes. Ela não queria abortar a criança, mas sua mãe autoritária forçou-a a isso. Seu coração estava cheio de raiva e dor.

O espírito do filho jamais superou o acontecido e, durante a sessão, veio comunicar-se com a mãe, que acabou dizendo tudo o que queria dizer mas nunca fora capaz de fazê-lo. Pam finalmente liberou o filho para superar tudo aquilo da melhor maneira, e ele foi embora muito feliz.

Os anjos disseram que o coração de Pam ainda não estava pronto para bênção e purificação. Então ela me contou ter descoberto que sua mãe também fizera um aborto. Pedi que se apresentassem todos os abortados da família que não tivessem superado esse fato. E houve enorme precipitação de cerca de doze crianças pequenas vindo até mim. Elas queriam ser liberadas, e foram embora num feixe de luz quando um parente de outra dimensão veio buscá-las.

Novamente pedi aos anjos que tomassem seu coração para purificá-lo, mas dessa vez eles me mostraram que a parte frontal do seu coração estava clara, mas que a parte de trás estava em trevas. Disseram que havia uma vida passada a ser liberada.

Pam voltou rapidamente para uma vida passada em que fora um soldado rude e problemático, que armara uma balbúrdia num vilarejo. Lá, de maneira selvagem e implacável, assassinou uma mulher grávida com uma espada e pilhou todo o vilarejo. Depois de algum tempo, sentiu-se doente e vazio e percebeu que aquilo não resolvera nada. Ele amara a mulher grávida, mas ela o tinha deixado por outro homem, que seria o pai do bebê. Tendo feito o que fez, criou um karma maior.

Ele encontrou o espírito da mulher e da criança num outro nível, e humildemente pediu perdão, que ao final lhe seria concedido.

E foi concedido naquela consulta, quando os anjos tocaram o coração de Pam para purificá-lo e abençoá-lo. Vi Pam algumas semanas depois da sessão. Ela parecia radiante, e relatou uma enorme melhoria em seu estado físico. O trabalho que fez também teria reverberações em toda a sua árvore genealógica e curaria gerações passadas e futuras.

Existe uma seqüência desta história. Recebi uma carta de Pam, contando que ela havia acabado de realizar o seu primeiro atendimento homeopático para um nascimento:

> *"Venho tratando a mãe durante toda a gravidez. Seu primeiro filho teve de ser induzido, o que foi uma experiência traumática que ela estava decidida a não repetir. A mãe dela chamou-me na quarta-feira pela manhã para dizer que ela estava no hospital e que a falta de atividade fetal a deixava preocupada, já que eles teriam de romper a bolsa manualmente. Quando cheguei lá, encontrei uma parteira — nenhum médico em volta — e um monitor atado à mãe com correias. Dei-lhe remédios, e a parteira, muito interessada, permitiu-me prescrever o que eu desejasse, perguntando o que eu lhe havia dado e o porquê. O bebê nasceu sem* stress *depois de uma hora e vin-*

te minutos de trabalho. Meu astrólogo elaborou o mapa natal do bebê e o superpôs ao meu. Seu nódulo norte do destino está em minha Lua, e por isso eu estava destinada a estar ali!

Tivemos a forte sensação de que esse bebê era a alma que não podia nascer por causa dos atos de Pam em outra vida. Assim, o karma foi totalmente reparado, e mais luz e amor foram adicionados ao mundo.

A todo instante recebemos oportunidades de nos pôr ao lado da luz.

31

Unicidade

Somos todos parte da Unicidade Divina. Deus permeia cada célula e cada átomo. Uma pedra ou planta contém a mesma essência divina contida num animal, humano ou anjo. O Uno é indivisível. Por isso, você não pode ferir uma árvore, nem uma lesma, nem outro humano sem que as reverberações atinjam a todos, e isso inclui você mesmo.

Enquanto não reconhecermos que todos somos partes da Consciência Universal e que, num nível energético, estamos em todas as coisas e todas as coisas residem em nós, não poderemos ascender.

As plantas sentem e vibram. Você extirparia um membro de uma pessoa a não ser que fosse vital fazê-lo? Você pensaria em extirpar um braço de alguém sem lhe contar o que estava prestes a fazer? É claro que não. No entanto, cortamos galhos de árvores e arbustos belos, vivos e dotados de sensibilidade sem avisá-los. Seus gritos de dor rasgam os éteres, onde há sensitivos que os sentem e ouvem. Em última análise, nesta ou noutra vida o perpetrador terá aquela dor infligida nele mesmo.

Uma sensitiva estava me contando que num belo lugar perto de sua casa, a prefeitura local afixara notificações, comunicando a todos por que estavam derrubando algumas árvores — algumas porque estavam doentes, outras pela necessidade de maior espaço entre elas. Umas poucas estavam sendo cortadas porque tiravam muita luz. A prefeitura fez um esplêndido trabalho ao comunicar às pessoas o que estava se passando, *porém não comunicou às arvores* antes de tocá-las, e por isso a atmosfera naquele belo lugar estava repleta de dor.

Se alguém tivesse enviado às árvores uma comunicação telepática sobre suas intenções no dia anterior, quando se tratasse de um trabalho radical, ou um pouco de antemão, quando fosse um trabalho menor, o espírito da árvore poderia se preparar. Sabendo o que está para acontecer, o espírito da árvore pode se retirar antes que ela seja derrubada ou pode drenar energia de um galho que será podado.

Uma amiga minha, que é bastante empática com os outros — razão pela qual ela capta a dor das pessoas e do ambiente — comprou um cristal moldavita para ajudá-la a viver em equilíbrio e harmonia com todos sem captar sua matéria. Ela o queria emoldurado em ouro, e o pôs numa corrente para poder usá-lo em volta do pescoço. Foi de joalheiro em joalheiro até encontrar um que lhe pareceu o certo. O joalheiro disse que teria de perfurar com uma broca de diamante até o meio do cristal. Minha amiga disse: "Nesse caso, por favor, certifique-se de lhe haver contado de antemão, para que ele saiba o que você vai fazer." O joalheiro e seus assistentes aceitaram totalmente o que ela disse. Quando voltou para buscar o cristal, o joalheiro disse-lhe muito seriamente: "Comunicamos ao seu cristal, mas ele não gostou muito da idéia de o perfurarmos, e então encontramos um outro meio para emoldurá-lo." Ela ficou absolutamente extasiada, e estou certa de que o cristal serviu-lhe melhor em razão de todo o cuidado que ela teve com ele.

Todo grande artesão ama a matéria com que trabalha. Se não for assim, eles serão meramente técnicos, e em algum nível mostra-se que quando o trabalho é feito com amor, essa Energia Divina irradia-se dele.

A razão pela qual Michelangelo criou estátuas tão maravilhosas foi ele ter amado o mármore. Sua energia amorosa possibilitou que o melhor emergisse da pedra.

Uma vez que tudo é parte da Unicidade, se se extingue uma espécie animal, a qualidade que ela representa deixa o planeta. Os do-

dos representavam a confiança e, quando eles desapareceram, também a confiança deixou todos nós. A partir daí, para todas as criaturas tornou-se difícil confiar.

Cada pedra, cristal, planta, árvore, peixe ou pessoa está aqui por alguma razão e é um hóspede honrado do planeta. No momento, estamos maltratando as vacas e torturando-as. Que espécie de pessoa se alimenta das vísceras de um herbívoro? Essas belas e sensíveis criaturas estão sendo envenenadas e expulsas da Terra. Quando uma espécie desaparece, as forças das trevas ganham visto de entrada para ocupar o lugar dela.

Os animais são os irmãos mais novos dos humanos, que acabarão evoluindo e tornando-se humanos. Uma de minhas amigas tinha um belo cão da raça collie. Ficou sabendo que seu cachorro era um agente de cura e estava fazendo um trabalho de recuperação da alma no parceiro dela. Quando perguntei a Kumeka se isso era verdade, ele confirmou e acrescentou que aquele cão era um Mestre, que retornaria como humano na sua próxima encarnação.

Enquanto eu guiava pelas vielas arborizadas da Irlanda, ouvi a seguinte história: minha amiga havia feito um curso em que recebera uma técnica para comunicar-se com animais e curá-los. Disseram-lhe para visualizar uma sala de curas em que houvesse exatamente as coisas necessárias para ajudar o animal. Poderia ser uma sala de operações com um cirurgião, com remédios florais e óleos de aromaterapia, ou pílulas e poções. Em suma, tudo o que lhe parecesse correto.

Um dos participantes tinha um cão de caça marrom que estava doente. Segundo uma das regras da casa, o sofá da sala de estar era proibido ao cão. O homem visualizou a sala de curas conforme lhe fora indicado. O único problema era que o cão se recusava a entrar. Ao final, o homem disse para o cão: "OK, se você entrar e deixar que eu cuide de você, deixarei você ficar no sofá pelo resto de sua vida." Em sua visualização, o cão então entrou na sala de cura para o tratamento.

No fim de semana seguinte, o homem foi logo contando sua história. Às três e quinze da tarde, horário em que ele havia feito a visualização no domingo anterior, sua esposa estava em casa, na cozinha.

Para seu espanto, o cachorro subitamente saltou de seu cesto e foi direto para a sala de estar, onde pulou para cima do sofá. Ela passou o resto da tarde tentando tirá-lo de lá, mas ele recusou-se terminantemente a sair do lugar! Uma troca é sempre uma troca, não importa o nível em que é feita.

As plantas e os minerais também fazem parte da Unicidade. A vibração mais densa é a da pedra. À medida que suas vibrações se tornam mais leves, ela pode viver a experiência de uma planta e depois a de um animal.

Portanto, machucando algo à sua volta ou simplesmente alimentando pensamentos maus a respeito de qualquer coisa, você está prejudicando a si mesmo. São palavras fáceis de escrever, mas a realidade está representada na Lei do Karma. Se você abriga maus pensamentos contra uma pessoa ou situação, você mantém uma bola dessa energia de baixa vibração dentro de si, e a ação da baixa vibração será repetidamente cometida contra você até se libertar do medo e encontrar uma perspectiva amorosa.

Nunca deixe de abençoar aquele horrível edifício, aquele cachorro que rosna, o proprietário ganancioso, aquela erva daninha que você está arrancando, e as bênçãos retornarão automaticamente para você e conseqüentemente para o Todo.

Abençoe tudo com intenção, não como um autômato. Com compaixão no coração, abençoe aqueles que parecem prejudicá-lo. Abençoe o doente com um toque tranqüilizador. Abençoe com compreensão os que têm um nível mais baixo de consciência.

Unicidade significa que somos todos espelhos uns dos outros. Vibrações semelhantes atraem semelhantes. Se não gostamos do que atraímos para nossa vida, devemos nos olhar honestamente no espelho. Temos então de elevar nossa vibração. Vibrações mais altas têm de ser conseguidas elevando nossa consciência, mas, uma vez conseguidas e dominadas, não voltamos mais a atrair os mesmos testes, circunstâncias e pessoas de baixa vibração.

A consciência do Um é conhecida como prana ou *chi*. Dentro dessa corrente de consciência ou campo de força vivo residem símbolos. Quando podemos ter acesso a esses símbolos e utilizá-los, temos as chaves da co-criação e da manifestação, parte inerente à quinta dimensão e à Ascensão.

Para ter acesso às chaves e aos códigos da criação, temos de conseguir permanecer em silêncio, equilibrados e centrados, sem nos importarmos com provocações vindas de fora. Por isso, temos de manter nossos pensamentos e nossas emoções sob controle.

A serenidade, o equilíbrio e a calma conferem grande poder,
pois permitem que você seja inundado por Energia Divina.

Não amamos um filho adulto mais do que um neto ainda bebê. Tampouco Deus ama mais um Mestre Ascensionado ou um Serafim do que um animal ou uma alma inferior. Ele ama a todos igualmente.

Tratar todas as coisas como Divinas é a chave para a Ascensão.

32

Códigos e Chaves

A consciência flui da mente de Deus e contém símbolos que divulgam verdades e informações para nós. Se nossa mente está confusa ou nossas emoções estão desequilibradas, é porque não recebemos os códigos ou recebemos informações distorcidas.

Os Mestres sempre foram capazes de aquietar sua mente e receber verdade e sabedoria de alta freqüência diretamente da Mente de Deus.

Quanto a nós, porque somos parte da Unicidade e vivemos no campo de força de Deus, também temos consciência fluindo de nossa mente. Também isso tem uma freqüência vibracional que por sua vez se manifesta. É claro que pensamentos de baixa vibração manifestam circunstâncias de baixa vibração, e pensamentos de vibração elevada criam acontecimentos de vibração elevada.

Para ascender temos de liberar a todo instante uma corrente de consciência de vibração elevada.

Na época atual, os mistérios esotéricos do universo estão sendo desvendados. A sabedoria antiga, o conhecimento e as verdades sagradas, que estavam enterradas ou guardadas em segurança, estão sendo libertadas e liberadas para a humanidade. Contudo, ainda cabe a nós encontrar e usar as chaves. Se e quando tivermos desvendado alguma informação que pareça estar além de nossa compreensão, é nossa tarefa honrá-la, reverenciá-la e, na quietude de nosso coração e de nossa mente, abrir-nos para a vibração da verdade que ela contém.

Muito freqüentemente, códigos são desvendados num nível inconsciente. Um exemplo disso são os círculos concêntricos, formados pelos anjos da comunicação, que são as chaves para desvendar informação oculta na consciência da humanidade. Ver um círculo concêntrico ou a imagem de um deles é ter em nossa mente uma chave em posição de ignição. Muitas pessoas descobrem que sentem paz quando entram num círculo concêntrico. Algumas sentem ansiedade e outras sentem um latejamento ou fluxos de alta vibração à sua volta. É claro que há os que não sentem nem vivenciam nada. Porém, a vibração dentro do círculo concêntrico está aberta aos que estiverem prontos para a informação universal específica.

Algumas das chaves para a informação universal estão em manuscritos antigos que agora foram "encontrados" e trazidos à luz.

Monumentos antigos, como a Pirâmide, a Esfinge, Stonehenge ou as estátuas na Ilha da Páscoa possuem informações codificadas. Isso também se aplica a rochas e a certos cristais. Até mesmo árvores antigas contêm a sabedoria do universo esperando para ser encontrada.

Muito desse conhecimento, dessa sabedoria e dessa informação esotérica encontra-se fixada em mandalas, símbolos, votos e juramentos, rituais e cerimônias. Outra coisa que está acontecendo neste tempo de iluminação do planeta é a liberação do conhecimento mais elevado.

Os Sábios dos tempos antigos, príncipes e princesas da Atlântida, os Sagrados das Grandes Civilizações, que mantinham dentro de seu sistema de chakras as informações que podiam decodificar os selos, estão encarnando agora em resposta ao toque de clarim por todo o universo. Muitos nascem iluminados. Hoje em dia temos bebês, crianças e adolescentes de alta freqüência vibracional, que espalharão consciência e assegurarão a Sétima Era de Ouro sobre a Terra.

Alguns de nós são líderes espirituais que estão preparando o caminho para eles e assumindo a responsabilidade de ser seus pais, avós, incentivadores, professores, ou então de limpar e aplainar seus caminhos de outras maneiras.

Uma conhecida minha teve um bebê recentemente. Ela e o marido são vegetarianos de longa data, só confiam em alimentos organicamente produzidos, comem e bebem tão-somente o que há de mais puro. Por meio de uma interpretação feita para seu filho, ela ficou sabendo que ele era um Sábio, que havia encarnado para ser um líder. Ele os havia escolhido como pais porque suas vibrações eram tão refinadas que junto deles ele não poderia ingerir carne nem alimentos artificiais feitos pelos homens. Tudo à sua volta tinha de ser puro.

Jeanne Slade, que vive em Sussex, viu-se movendo as mãos e os dedos muito rapidamente enquanto estava fazendo uma cura. Fazia-o de modo completamente inconsciente, sem nem saber por que o fazia. Ela apenas viu que estava acontecendo. Senti que ela podia atrair símbolos de forma bastante rápida. Uma clarividente observou seu trabalho com várias pessoas durante essas curas e pôde descrever como ela fazia uma cirurgia sensitiva, removendo inflamações e infecções, realinhando ossos e removendo todos os desequilíbrios do corpo, possibilitando-lhe a cura. É um trabalho muito poderoso. Presumo que ela teve acesso a uma lembrança de antigos símbolos de cura e automaticamente passou a usá-los para dissolver e eliminar os problemas de seus clientes. Sua filha tem poderes semelhantes.

Agora é hora de os trabalhadores da luz despertarem para o que vieram fazer aqui. Alguns estão relutantes, e isso significa que outros trabalhadores da luz precisam carregar seu fardo até que eles assumam o lugar que lhes está reservado no grande plano.

Certos sons são chaves vibracionais para despertar as pessoas. Também destroem bloqueios, abrem o coração, liberam emoções, curam e liberam informações. Ao que tudo indica, é de um modo muito repentino que pessoas em todo o mundo estão entoando, cantando, tocando *didgeridoos*, gongos, xilofones. Cada nota abre uma parte da combinação de uma fechadura.

Um relógio despertador parece ter sido colocado em todos os trabalhadores da luz, programado para tocar agora. Persistente e imperdível é o chamado do despertar para a Nova Era.

Todos temos informações codificadas em nossos chakras, especialmente nos mais altos. O som ajuda em sua liberação. Se você põe sua testa contra uma árvore ou contra uma rocha antiga e entoa o Om ou faz o som aah, você despertará inconscientemente para uma parte maior de sua verdadeira divindade. Entoar e cantar o Om e sons como aah dessa maneira em grupo é muito eficaz.

Essa sabedoria divina antiga e esotérica, que elevará nosso planeta até a vibração da luz, não aparecerá em documentos escritos que de súbito são encontrados. Ela emergirá como conhecimento mais elevado em pessoas da luz à medida que decodificam quem elas próprias são, de forma que um modo de vida inferior não será mais de seu interesse. Juntas soarão a nota mais alta, que despertará a todos para a vibração pentadimensional.

Eu entendo que a grande consciência deslocada para o modo de vida pentadimensional acontecerá em 2012, ano que marca o fim do calendário maia, a segunda vinda de Cristo e o ponto médio entre a inspiração e a expiração de Brahma. Aparentemente, o que acontecerá está além de tudo o que podemos imaginar, já que ondas divinas varrem o universo e elevam-nos ao nível da luz. É a oportunidade mais importante que nossa alma terá para crescer. Quanto mais preparados estivermos, mais fácil será a transição e mais brilho terá a luz que todos receberemos. Por isso, nossa limpeza pessoal e a limpeza de nosso planeta terão de ser feitas até lá.

Já ganhamos a atenção e a ajuda dos Iluminados, como o Senhor Kumeka. À medida que elevarmos mais a nossa luz, outros Grandes Seres virão para nos ajudar.

Vivemos tempos realmente incríveis. Cada um de nós que se sintoniza com uma vibração mais alta e se dedica a ajudar no nascimento do planeta para a quinta dimensão e a Ascensão receberá recompensas que estão além até mesmo de nossa mais ampla compreensão.

Uma palavra de advertência: está ocorrendo uma polarização entre a luz e as trevas. Não subestime o poder das trevas, que deverá reagir ao fluxo de luz. Restrições religiosas e políticas pretenderão desintegrá-la, e muitos tropeçarão, perdidos na confusão. Como forma de proteção, junte-se a outros trabalhadores da luz e irradie sua luz de maneira ainda mais consistente, para que possa mostrar aos outros o caminho.

Lembre-se de que a Terra é como uma grande tapeçaria. Só os Mestres têm o plano geral, e cada um de nós que se dedique a ajudar na sua realização tem uma tarefa a fazer. Não se compare aos outros. Não diga "Aquela pessoa tem mais clientes, ganha mais dinheiro, dirige um asilo, faz trabalhos mais importantes, tem um lugar no parlamento e pode influenciar mais pessoas". Esqueça tudo isso.

Tão logo você se dedique à Ascensão bem como a ajudar o Plano Divino na Ascensão de nosso planeta, você estará na vaga perfeita para seus talentos. Você atrairá para si as pessoas perfeitas para serem guiadas ou incentivadas por você.

Você está num lugar perfeito, num tempo perfeito. Tudo está bem em seu mundo.

33

Chaves para a Ascensão

Você pode ascender sem saber absolutamente nada do que está neste livro. Você pode trabalhar todas essas práticas e ainda assim não ascender.

A razão está em que para ascender temos de viver como uma criança — em nosso coração. Muitos querem ascender, sendo porém todos lógicos, racionais, presos à sua cabeça. A cabeça bloqueia o coração e, para a Ascensão, o coração tem de guiar a cabeça.

A criança tem a qualidade mágica da inocência, o que significa viver em sua essência, sendo verdadeira em relação a seus sentimentos. A cabeça abate o entusiasmo, a alegria e a inocência de nosso verdadeiro eu.

Para ascender temos de dominar todos os aspectos de nossa vida.

Guia básico e lista de verificação para a Ascensão

Princípios básicos

1. Seja você mesmo. Não se dê ares e maneiras nem finja ser o que você não é.
2. Seja verdadeiro.
3. Veja Deus em todas as coisas.

Níveis físicos

4. Limpe sua casa. Livre-se da desordem. Onde há sujeira física há sujeira psíquica.

5. Coma de maneira tão leve, orgânica e vegetariana quanto possível.
6. Exercite-se regularmente.
7. Durma de maneira consciente.
8. Tenha tempo para divertir-se.
9. Estabeleça rotinas e ritmos saudáveis em sua vida.

Níveis emocionais

10. Cuide de sua criança interior.
11. Fortaleça-se emocionalmente, para que ninguém possa aborrecê-lo ou influenciá-lo.
12. Crie pais cósmicos e sábios para cultivá-lo, protegê-lo e dar-lhe coragem.
13. Prossiga em sua agenda e deixe os outros fazer o mesmo com as suas respectivas.
14. Entenda as perspectivas dos outros.
15. Enumere as qualidades boas de seus inimigos.
16. Perdoe prontamente.
17. Seja uma pessoa de coração aberto e generoso.
18. Ouça seu coração para compreender, não sua mente para responder.

Níveis mentais

19. Ocupe sua mente com mantras.
20. Faça afirmações diárias.
21. Mantenha-se sempre calmo e centrado.
22. Desprenda-se dos desejos materiais e emocionais.
23. Assuma inteira responsabilidade por sua vida.
24. Observe os sinais e as sinalizações que o guiam na sua jornada individual na Terra.

Escolhas

25. Escolha os amigos e associe-se a eles com cuidado.
26. Escolha seus pensamentos, palavras e ações com responsabilidade.

27. Só leia e veja coisas que elevem suas vibrações.
28. Seja moderado em tudo. Tenha domínio sobre seus vícios e excessos.
29. Cultive qualidades mais elevadas como a bondade, a generosidade e a atenção aos outros.

Lembretes

30. Aceite tudo e todos como coisas divinas. Deus está na árvore e na barata. Trate-as de acordo com as circunstâncias.
31. Abençoe seus inimigos tanto como seus amigos, pois eles fazem parte da Unicidade Divina.
32. Entregue seu fardo a Deus e, depois de tê-lo feito, não o pegue de volta.
33. Lembre-se de que desafios são oportunidades de crescimento. Eles não lhe seriam oferecidos se você não estivesse pronto.

Proteção

34. Peça aos anjos para ajudá-lo e protegê-lo.
35. Proteja-se com um dos métodos deste livro ou com qualquer outro que tenha ressonância em você.

Visualização criativa

36. Lembre-se de que a visualização criativa são os tijolos para a construção de seu futuro.
37. Visualize as barreiras de seu coração vindo abaixo.
38. Visualize o que você quer criar.
39. Visualize os outros recebendo aquilo de que necessitam.

Práticas espirituais

40. Ria bastante e leve a vida com leveza.
41. Medite diariamente e encontre períodos de quietude para a reflexão.
42. Agradeça e abençoe constantemente.

43. Faça uso freqüente e concentrado da prece. Ligue-se aos anjos, guias e Mestres Ascensionados.
44. Leia livros espiritualizados.
45. O silêncio é ouro. Se você não pode dizer algo de bom, não diga nada.

Serviço

46. Ajude o planeta e as outras pessoas.
47. Lembre-se de que o sofrimento das outras pessoas é, em última análise, o seu sofrimento. Ofereça uma mão em socorro.
48. Faça tarefas e trabalhos maçantes de boa vontade.
49. Sai Baba diz: "Mãos que ajudam são mais sagradas do que mãos que oram."

Verificação final

50. Pergunte-se: "Um Mestre Ascensionado pensaria, diria ou faria isso?"